Marianna Buser

Wurzel-
gemüse

FONA

Wir danken der Maison Unique AG in Zürich, die uns für das Fotoshooting handgefertigte Teller und Schüsseln und dazu passende Servietten zur Verfügung gestellt hat.

www.fona.ch
Verantwortlich für das Lektorat: Léonie Haefeli-Schmid
Gestaltung Cover: Dora Eichenberger-Hirter, Birrwil
Gestaltung Inhalt: Andrea Heimgartner, Zürich
Foodfotos und Gemüse-Porträts: Armin Zogbaum, Zürich
Naturaufnahmen: Edith Beckmann, Frauenfeld (Seiten 33, 105); Beat Ernst, Basel (Seite 23, 115); Siegfried Stein, Vastorf (Seiten 13, 53, 63, 85, 95) ; Andreas Thumm, Freiburg i. Br. (Seiten 43, 73)
Lithos: Neue Schwitter AG, Allschwil; Kneuss Print AG, Lenzburg
Druck und Bindung: Stalling, Oldenburg

ISBN 3-03780-177-8

Inhalt

Abkürzungen

l = Liter, dl = Deziliter, ml = Milliliter, EL = Esslöffel, KL = Kaffeelöffel, g = Gramm, Msp = Messerspitze

Wo nicht anders vermerkt, sind die Rezepte für 4 Personen berechnet.

Dank und Vorwort

Herzlichen Dank allen, die mein Buchprojekt in irgendeiner Form unterstützt haben.

Ganz besonders danken möchte ich
Claudia Gorbach, die mich mit ihren kreativen Rezeptideen inspirierte und Korrekturen vornahm; Béla Bartha und Pavel Beco von «Pro Specie Rara», die mich auf die «fast vergessenen Wurzelgemüse» aufmerksam gemacht und mir ihr Wissen weitergegeben haben; meinem Freund Othmar Herde, der zum «Gastro-Kritiker» wurde und auch in turbulenten Zeiten der ruhende Pol war; meinem Büropartner Christoph Stadelmann, der mir bei der Computerarbeit behilflich war; meiner Mutter Annemarie, die mich schon früh in die Gemüsetöpfe schauen ließ und für mich in alten Kochbüchern nach Rezepten suchte; allen Testessern und Testesserinnen, welche die Speisen probiert und kommentiert haben.

Anfang August liegt er schon in der Luft, der nahende Herbst. Die ersten Blätter verfärben sich, der Wind weht und die Ackerfrüchte reifen heran.

Die letzten einheimischen Tomaten und Auberginen werden auf dem Markt verkauft, und nun sind sie da, die Wurzeln und Knollen.

Haben Sie gewußt, dass es deren so viele gibt? Die Rande oder Rote Bete, die dunkelrote Tomate des Winters, die eigenartig aussehende Topinambur oder die vornehme schlanke Schwarzwurzel?

Die Wurzeln und Knollen haben in unserer Küche eine lange Tradition. In ganz Mitteleuropa waren sie vor nicht all zu langer Zeit von Mitte November bis Mitte Mai wichtiges Grundnahrungsmittel. Mit den Treibhäusern, den Importmöglichkeiten und nicht zuletzt mit der Klimaerwärmung ist der Sommer in der Gemüseküche länger geworden. Doch je länger je mehr spürt man eine Übersättigung durch das Peperoni-/Paprika-, Zucchini- und Tomaten-Einerlei und man sucht neue Wege und «Wurzeln».

Es freut mich, dass Sie dieses Buch in der Hand halten. Sie haben es erraten: Ich bin ein Winter-Wurzelkind.

Lagerung

Lagerung

Fast alle Winter-Wurzelgemüse werden im Herbst geerntet und eingelagert. Dies geschieht in Kühllagern bei einer Temperatur von 2 bis 5 °C und einer Luftfeuchtigkeit von 75 bis 90 %. Schnell austrocknende Sorten wie Topinambur und Stachy/Knollenziest werden wöchentlich geerntet. Wenn der Winter nicht zu kalt und der Boden nicht gefroren ist, können winterharte Wurzeln wie zum Beispiel Pastinake und Schwarzwurzel bis in den Frühling hinein geerntet werden.

Wer Wurzelgemüse im eigenen Garten anbaut, kann es auf verschiedene Arten lagern.

Gemüse im Naturkeller

Naturkeller mit offenem Naturboden und einer guten Luftzirkulation (kein Durchzug) eignen sich sehr gut für die Gemüselagerung. Die Temperatur im Keller sollte nicht über 7 °C steigen und die Luftfeuchtigkeit um 90 % liegen. Die Wurzeln werden auf Holzroste gelegt. Leider gibt es diese Art von Keller nur noch in alten Häusern.

Gemüse im Sand

Bei einem zu warmen und zu trockenen Keller kann das Wurzelgemüse im Sand eingelagert werden. Dazu wird es vollständig in den Sand eingegraben und von Zeit zu Zeit mit etwas Wasser befeuchtet. Wichtig: Der Sand darf weder zu feucht noch zu trocken sein.

Erdmieten oder Gemüsegruben
Im Garten wird eine Grube von 50 bis 70 cm Tiefe und mit einer Breite von 70 cm ausgehoben. Die Grube zum Schutz gegen Mäuse mit einem Maschendrahtgeflecht oder mit Nussbaum-/Walnussblättern auskleiden. Die Wurzeln werden wie im Naturkeller auf Holzroste gelegt. Damit das Wasser abfließen kann, wird die Grube mit einem leicht geneigten Brett geschlossen.

Gemüse im Plastiksack
Bei einem zu warmen und zu trockenen Keller, jedoch einer konstanten Temperatur von 8 bis 15 °C, kann das Gemüse und das Obst in speziellen, leicht luftdurchlässigen Plastiksäcken von 2/100 bis 3/100 mm Dicke und einem Fassungsvermögen von 10 kg (erhältlich im Haushaltwarengeschäft oder in der landwirtschaftlichen Genossenschaft) gelagert werden. Durch die sich im Sack bildende Kohlensäure trocknet das Lagergut nicht aus und bleibt schön und frisch.

Gemüse in der Isolationskiste
Isolationskisten aus Styropor oder aus Sagex können sowohl im Keller als auch im Freien (Balkon usw.) stehen. Sie gleichen größere Temperaturschwankungen aus. Ungewaschene Wurzeln in die Kiste legen, den Deckel nicht ganz luftdicht schließen, damit es nicht zu einer zu hohen Kohlensäurekonzentration kommt.

Für kleinere Mengen Wurzelgemüse
Die Wurzeln können 2 bis 3 Wochen im Kühlschrank gelagert werden. Ungewaschen bleiben sie länger frisch. Für die Kurzlagerung im Kühlschrank oder auf dem Balkon das Gemüse in einen leicht geöffneten Plastikbeutel füllen. Kühlschränke sind Feuchtigkeitsräuber.

Herbst-rübe

Synonyme
Halmrübe, Bruchrübe, Stoppelrübe, Steckrübe, Wasserrübe, Saatrübe, Weiße Rübe, Räbe

Familie
Die Herbstrübe (Brassica rapa var. rapa subvar. esculenta) gehört zur Familie der Kreuzblütler. Herbstrübe, Mairübe, Telower Rübchen sowie Stilmus, werden unter dem Namen Speiserübe (Brassica rapa) zusammengefasst.

Herkunft
Der lateinische Name «Brassica» deutet auf eine Kreuzung von Rübe und Kohl hin. Bei den Blättern ist die Verwandtschaft mit dem Kohl, insbesondere dem Stängelkohl (Cima di rapa), deutlich zu sehen. Bereits im griechischen und römischen Altertum war die Herbstrübe bekannt. Eine größere Bedeutung erlangte sie als Zwischenfrucht in der Dreifelderwirtschaft des Mittelalters. Sie hat in der Ernähung der mitteleuropäischen Bevölkerung bis zur Einführung der Kartoffel eine wichtige Rolle gespielt.

Botanik
Die Herbstrübe ist eine äußerst schnell wachsende Pflanze. Sie wird Mitte Juli meist in die Stoppeln (Stoppelrübe) der abgeernteten Getreidefelder gesät und kann schon Ende Oktober, Anfang November geerntet werden. Die Wurzel ist kugelig mit einem Durchmesser von 6 bis 8 cm. Der Wurzelkopf hat eine rosa bis violette Farbe. Der untere Teil der Wurzel ist weiß, ebenso das Wurzelfleisch. Die Herbstrübe ist als Lagergemüse bis etwa Mitte Februar haltbar.

Inhaltsstoffe

Die kalorienarme Herbstrübe besteht zu 90 % aus Wasser. Sie enthält viele Mineralstoffe wie Kalzium, Kalium, Phosphor, Eisen und Natrium, Vitamine B und C und das Provitamin A. Die ätherischen Öle sind für den herben, rettichähnlichen Geschmack verantwortlich.

Anbau

Heute werden die Herbstrüben in Mitteleuropa nur noch in wenigen Regionen für den lokalen Markt angebaut. In der Schweiz kennt man sie vor allem in den deutschsprachigen Regionen. Dort werden sie auch zu milchsaurem Gemüse verarbeitet. Sauerrüben schmecken wie Sauerkraut und können auch nach gleichen Rezepten zubereitet werden.

Brauchtum

Ein frühwinterlicher Schweizer Brauch ist der «Räbeliechtli-Umzug», der Ende November/Anfang Dezember stattfindet. Hierfür werden die Herbstrüben zuerst ausgehöhlt, die Wände mit Schnitzereien verziert und mit einer Kerze zum Leuchten gebracht.

Herbstrübe

Salat

Türkischer Herbstrübensalat

500 g Herbstrüben
2 getrocknete Feigen

Sauce
4 EL Distelöl
2 EL Apfelessig
½ TL scharfes Currypulver
½ TL Kurkuma
Meersalz

1 Die Sauce zubereiten.

2 Die Herbstrüben schälen, auf einem Hobel direkt zur Sauce hobeln. Die Feigen in kleine Würfel schneiden, unter den Salat mischen. Einige Minuten ziehen lassen.

Salat

Fruchtiger Sauerrübensalat

5 Dörrbirnen
500 g Sauerrüben
1 reife, feste Birne

Sauce
3 EL Sonnenblumenöl
½ Zitrone, Saft
¼ TL mildes Currypulver
frisch gemahlener Pfeffer

1 Die Dörrbirnen über Nacht in wenig Wasser einlegen, damit sie quellen können.

2 Die Sauce zubereiten, mit Pfeffer abschmecken.

3 Zwei Dörrbirnen fein schneiden, die anderen für die Garnitur beiseite legen. Die frische Birne schälen, vierteln, entkernen, Viertel quer in feine Scheiben schneiden.

4 Sauerrüben, Birnen und Dörrbirnen mit der Sauce gut mischen. Die restlichen Dörrbirnen halbieren und als Garnitur verwenden.

Maisroulade mit weiß-grüner Füllung

für 8–10 Personen als Vorspeise
für 4–5 Personen als Mahlzeit

125 g mittelfeiner Maisgrieß
4½ dl/450 ml Gemüsebrühe
1 Lorbeerblatt

1 TL Bratbutter/Butterschmalz
150 g Herbstrüben
1 dl/100 ml Wasser
½ TL Meersalz
60 g grüner Lauch
30 g Bergkäse, klein gewürfelt
1 TL gehackte Rosmarinnadeln
1 Knoblauchzehe, fein gehackt
frisch gemahlener Pfeffer

Backpapier

Tomatensauce, Seite 26

1 Herbstrüben schälen und in 4 mm große Würfelchen schneiden. Den Lauch in Streifchen schneiden.

2 Herbstrüben in der Bratbutter andünsten, mit dem Wasser ablöschen, salzen, aufkochen, das Gemüse bei mittlerer Hitze 4 Minuten garen. Lauch zugeben und weitere 2 Minuten garen. Auskühlen lassen.

3 Die Gemüsebrühe mit dem Maisgrieß aufkochen, Lorbeerblatt zugeben, bei schwacher Hitze unter zeitweiligem Rühren 15 bis 20 Minuten kochen. Lorbeerblatt entfernen. Den Maisbrei auf einem mit Backpapier belegten Blech 4 mm dick und rechteckig ausstreichen, kurz ruhen lassen, damit er etwas fest wird.

4 Auf dem noch nicht ganz erkalteten Maisblatt die Gemüse- und Käsewürfelchen verteilen, mit Rosmarin, Knoblauch und Pfeffer würzen. Das Maisblatt mit Hilfe des Backpapier vorsichtig aufrollen, die Roulade 1 Stunde ruhen lassen.

5 Den Backofen auf 200 °C vorheizen.

6 Maisroulade in 15 mm dicke Scheiben schneiden, auf ein mit Backpapier belegtes Blech legen, im Ofen 5 Minuten backen.

7 Die Maisrouladen mit der Tomatensauce anrichten.

Herbstrübe

Vorspeise

Pikant marinierte Herbstrüben

1 Herbstrübe
3 getrocknete, in Öl eingelegte Tomaten
½ Bund Frühlingszwiebeln

Marinade
2 EL Olivenöl extra nativ
1 EL Weißweinessig
1 TL Herbes de Provence
1 Knoblauchzehe, durchgepresst
Meersalz
gemahlener schwarzer Pfeffer

1 Der Herbstrübe einen Deckel abschneiden, aushöhlen, d. h. mit dem Kugelausstecher Kügelchen ausstechen und diese Im Dampf kurz knackig garen.

2 Getrocknete Tomaten in Streifen, Frühlingszwiebeln in feine Ringe schneiden.

3 Marinade zubereiten.

4 Herbstrüben, Tomaten und Frühlingszwiebeln mit der Marinade mischen, kurze Zeit ziehen lassen. In die Herbstrübe füllen.

Abbildung

Mahlzeit

Sauerrüben mit Speck und Kartoffeln

1 TL Bratbutter/Butterschmalz
1 Zwiebel
100 g Sauerrüben
500 g geräucherter Speck, in 1 cm dicken Scheiben
500 g Kartoffeln
frisch gemahlener Pfeffer
2 Prisen Muskatnuss
Meersalz

1 Die Zwiebel schälen und fein hacken. Die Kartoffeln schälen und in etwa 3 cm große Würfel schneiden.

2 Die Zwiebeln in der Bratbutter andünsten, Speck und Sauerrüben zugeben, aufkochen und bei mittlerer Hitze 45 Minuten kochen. Bei zu wenig Flüssigkeit etwas Wasser zugeben, würzen. Kartoffeln zugeben, weitere 15 bis 20 Minuten garen.

Herbstrübe

Mahlzeit

Herbstrüben mit Grünkern

4 mittlelgroße Herbstrüben
1 l Salzwasser

Grünkernfüllung
150 g mittelfeines Grünkernschrot
2,2 dl/220 ml Wasser
2 TL Olivenöl extra nativ
2 Knoblauchzehen, durchgepresst
2 Eigelbe von Freilandeiern
½ TL Thymian
½ TL Salbei
Meersalz
frisch gemahlener Pfeffer
1 Prise Chili
2 Eiweiß
Salz

1 Die Herbstrüben schälen und einen flachen Deckel abschneiden, die Rüben mit einem Kugelausstecher aushöhlen, ohne die Wand zu verletzen.

2 Die ausgehöhlten Herbstrüben in reichlich Salzwasser (gut salzen, die Herbstrüben sind sehr mild im Geschmack) aufkochen, 12 bis 15 Minuten garen, bis sie weich sind, erkalten lassen.

3 Das Grünkernschrot mit dem Wasser aufkochen, bei schwacher Hitze 10 Minuten köcheln, Schrot zugedeckt 10 Minuten quellen lassen. Gewürze und Eigelbe unter die Grünkernmasse rühren, würzen. Das Eiweiß mit einer Prise Salz steif schlagen, sorgsorgfältig unter die Grünkernmasse heben.

4 Den Backofen auf 220 °C vorheizen.

5 Grünkernmasse in die ausgehöhlten Herbstrüben füllen, Deckel aufsetzen. Im vorgeheizten Ofen bei 220 °C 20 Minuten backen.

Rübenfleisch Ausgehöhltes Rübenfleisch für eine Gemüsecrèmesuppe oder für «Pikant marinierte Herbstrüben», Seite 16, verwenden.

Herbstrüben mit Pilzfüllung

2 Herbstrüben
1 l Salzwasser

Pilzfüllung
1 EL Bratbutter/-Butterschmalz
350 g Champignons
½ dl/50 ml Weißwein
50 g Morcheln
50 g geriebener Käse
1 Ei, verquirlt
2 EL Paniermehl
2 EL geriebene Haselnüsse
1 EL Haselnussmus oder Rahm/Sahne
1 TL Majoran
1 Prise Muskatnuss
2 Prisen Paprikapulver
Meersalz
frisch gemahlener schwarzer Pfeffer

1 Die Morcheln 30 Minuten in Wasser einlegen, längs aufschneiden und unter fließendem Wasser reinigen, in Streifen schneiden.

2 Die Herbstrüben halbieren und mit dem Kugelausstecher aushöhlen.

3 Das Salzwasser (gut salzen, die Herbstrüben sind sehr mild) aufkochen, Herbstrüben zugeben und 15 Minuten kochen. Herausnehmen, erkalten lassen.

4 Den Backofen auf 200 °C vorheizen.

5 Die Champignons je nach Größe halbieren, vierteln oder in Scheiben schneiden. Zwiebel fein hacken. Zwiebeln und Champignons in der Butter andünsten, mit dem Weißwein ablöschen, Morcheln und restliche Zutaten unterrühren, würzen. In die Herbstrüben füllen. In eine Gratinform stellen.

6 Gefüllte Herbstrüben bei 200 °C 15 bis 20 Minuten backen.

Rübenfleisch Ausgehöhltes Rübenfleisch für eine Gemüsecrèmesuppe oder für «Pikant marinierte Herbstrüben», Seite 16, verwenden.

Herbstrübe

Mahlzeit

Farbige Rübenspießchen

für 8 bis 10 Spießchen

500 g Herbstrüben
200 g Pfälzer
200 g Karotten
2 kleine Zwiebeln

8–10 Holzspießchen
Olivenöl extra nativ

Marinade
10 EL Olivenöl extra nativ
1 Knoblauchzehe, durchgepresst
1 TL Paprikapulver
frisch gemahlener Pfeffer
3 Prisen Chilipulver
Meersalz

1 Herbstrüben schälen und in 3 cm große Würfel schneiden. Pfälzer und Karotten schälen und in 5 mm dicke Scheiben schneiden. Alles Gemüse über Dampf knackig garen. Auskühlen lassen.

2 Die geschälten Zwiebeln halbieren und in Spalten schneiden.

3 Das Gemüse mit den Zwiebeln abwechselnd auf Holzspießchen stecken, an beiden Enden etwas Platz frei lassen. Mit der Marinade bepinseln, 30 Minuten stehen lassen.

4 Den Backofen auf 250 °C vorheizen.

5 Die Spießchen auf ein Backblech legen und im Ofen bei 250 °C 10 Minuten braten.

Tipp Mit Schalenkartoffeln und einer Tomatensauce, Seite 26, servieren.

Karotte Rüebli

Synonyme
Möhre, Gartenmöhre, Mohrrübe, Speisemohrrübe, Gelbrübe, Gelbe Wurzel, Eselsmöhre, Rübe, Feldrüebli

Familie
Die Karotte (Daucus carota) gehört zur Familie der Doldenblütler.

Herkunft
Den Wortstamm von «Möhre» (im Althochdeutschen mor(a)ha) findet man in slawischen Sprachen. Die Karotte ist eines der wenigen Gemüse, das von einer einheimischen Wildpflanze, der Wilden Möhre, abstammt. Sie ist heute noch als «Kulturflüchtling» aus Gärten und von Karottenfeldern auf Magerwiesen, Brachfeldern, an Wegrändern oder in Schutthalden anzutreffen.

Geschichte
Die Spuren der Karotte als Nutzpflanze führen in graue Vorzeiten. In Moosseeedorf (Kanton Bern/Schweiz) wurden Karottensamen in Pfahlbauten gefunden, die aus der Zeit von 2000 bis 1000 v. Chr. stammen.

Botanik
Die populärsten Karottensorten (Daucus carota L.) bilden orangerote, 10 bis 12 cm lange, kegelförmige Wurzeln. Weitere Sorten sind:
Pfälzer Gelbe Wurzel, Wurzelschulter hellgrün, etwas größer als die orange Karotte. Herber und erdiger Geschmack. Wird in kleineren Mengen in Mitteleuropa angebaut.
Chüetiger Rüebli Weiße, sehr konische Wurzel, intensiver Karottengeschmack. Wird in Küttigen (Kanton Aargau/Schweiz) lokal angebaut und vermarktet.

Violette Karotte Violette, mittelgroße, stark konische Wurzel. Spezialsorte aus asiatischen Ländern.
Pariser Karotte Rotorange, vollrunde, 1,5 bis 2 cm lange Wurzel. Abnehmer ist vor allem die Konservenindustrie.

Ernte

Frühe Karottensorten kommen Anfang März auf den Markt. Sie sind schlank und 6 bis 8 cm lang. Sie werden mit oder ohne Kraut angeboten. Sie sind besonders knackig und süß. Späte Karottensorten sind 10 bis 12 cm lang, kommen ab Oktober auf den Markt oder werden eingelagert.

Gesundheit

Die Karotte gilt als Gesundbrunnen schlechthin. Der bekannteste Inhaltsstoff ist Carotin (Provitamin A). Es stärkt unsere Sehkraft, reinigt das Blut und unterstützt den Bräunungsprozess der Haut. Der hohe Gehalt an Trauben-, Frucht- und Vollrohrzucker gibt der Karotte den süßen Geschmack. Karotten sind gut verträglich.

Anbau

Die Karotten sind auf der ganzen Welt verbreitet. In der Schweiz und in Deutschland liegt die beliebte Wurzel in der Gemüse-Hitliste auf dem zweiten Platz, hinter der Tomate.

Karotte – Rüebli

Salat

Pfälzersalat mit Pfefferminze

500 g Pfälzer
1 dl/100 ml Orangensaft
1 Msp Meersalz

Sauce
3 EL Distelöl
2 EL Zitronensaft
frisch gemahlener Pfeffer
1 Msp geriebener Ingwer
1 Prise Kardamom
Meersalz
1 EL fein geschnittene Pfefferminze

1 Die Pfälzer schälen und in kleine Würfel schneiden. Orangensaft und Salz aufkochen, Pfälzerwürfelchen zufügen, 20 Minuten bei mittlerer Hitze kochen, bis das Gemüse weich ist.

2 Für die Sauce Distelöl und Zitronensaft sämig rühren, würzen, die Pfefferminze zufügen.

3 Die noch warmen Pfälzerwürfelchen mit der Sauce mischen, 10 Minuten ziehen lassen.

Suppe

Indische Karottencremesuppe

2 EL Bratbutter/Butterschmalz
1 kleine Zwiebel, fein gehackt
1 Knoblauchzehe, durchgepresst
300 g Karotten
1 Apfel
1 EL fein gehackter Ingwer
1 EL scharfes Currypulver
1 l Gemüsebrühe

wenig fein geschnittener Koriander

1 Die Karotten schälen und in Stücke schneiden. Die Zwiebeln fein hacken. Den Apfel schälen, vierteln und entkernen, in Schnitze schneiden.

2 Zwiebeln, Knoblauch, Karotten und Äpfel in der Bratbutter andünsten, Ingwer und Curry darüber streuen und kurz mitdünsten, mit der Gemüsebrühe ablöschen, aufkochen, bei mittlerer Hitze etwa 20 Minunten kochen lassen, bis die Karotten weich sind. Pürieren.

3 Karottencremesuppe anrichten, mit dem Koriander garnieren.

Tipp Mit indischem Fladenbrot (Chapatis) servieren.

Pikante Karottenroulade

für 8 bis 10 Portionen

Füllung
1 EL Bratbutter/Butterschmalz
200 g Karotten
1 dl/100 ml Wasser
150 g Vollmilchquark
1 unbehandelte Zitrone, abgeriebene Schale
frisch gemahlener weißer Pfeffer
Meersalz

Biskuitteig
4 Eigelbe von Freilandeiern
25 g weiche Butter
0,8 dl/80 ml Karottensaft
1 Prise weißer Pfeffer
1½ EL schwarze Sesamsamen
4 Eiweiß
½ TL Meersalz
175 g Dinkelweißmehl/Mehltype 405
1 TL Backpulver

1 Für die Füllung die Karotten schälen und in Stücke schneiden, in der Bratbutter andünsten, mit dem Wasser ablöschen, aufkochen, bei mittlerer Hitze etwa 20 Minuten kochen, bis die Karotten weich sind, die Flüssigkeit abgießen, die Karottten pürieren, abkühlen lassen. Quark und Zitronenschalen unterrühren, mit Pfeffer und Salz würzen.

2 Backofen auf 220 °C vorheizen. Ein großes rechteckiges Backblech mit Backpapier belegen.

3 Eigelbe, Butter sowie Karottensaft mit dem Stabmixer luftig aufschlagen, Pfeffer und Sesamsamen zufügen. Das Eiweiß mit dem Salz zu Schnee schlagen. Das Mehl mit dem Backpulver mischen. Mehl und Eischnee mit einem Teighörnchen abwechslungsweise vorsichtig unter die Eigelbmasse heben. Biskuitteig auf dem Backpapier rechteckig ausstreichen.

4 Das Blech in der Mitte in den Ofen schieben, das Biskuit bei 220 °C 10 Minuten backen. Das Biskuit auf ein Geschirrtuch stürzen und mit dem umgekehrten warmen Blech zudecken, 3 Minuten ruhen lassen. Danach die Füllung auf dem Biskuit verteilen, an den Längsseiten 3 cm Rand frei lassen, aufrollen. Die Roulade 3 Stunden kühl stellen.

5 Die Roulade 10 Minuten vor dem Servieren aus dem Kühlschrank nehmen, mit einem scharfen Messer in 15 mm dicke Scheiben schneiden.

Mahlzeit

Hirse-Karotten-Burger

für 16 Burger

130 g Goldhirse, 70 g grobe Haferflocken
4½ dl/450 ml Wasser
250 g Karotten
100 g Vollmilchquark, 30 g geriebener Käse
1 Bund glattblättrige Petersilie, grob gehackt
2 Knoblauchzehen, durchgepresst
1 TL Meersalz, frisch gemahlener Pfeffer
2 Prisen Chilipulver

2–3 EL Bratbutter/Butterschmalz

1 Die Goldhirse und die Haferflocken in einer hohen Pfanne trocken rösten, mit dem Wasser ablöschen, bei mittlerer Hitze 10 Minuten kochen, auf ausgeschalteter Wärmequelle zugedeckt etwa 10 Minuten quellen lassen.

2 Die Karotten schälen und auf der Bircher-Rohkostreibe fein reiben.

3 Getreide, Karotten, Quark, Käse, Kräuter und Knoblauch mischen, würzen.

4 Aus der Masse mit nassen Händen etwa 16 Burger formen. 10 Minuten ruhen lassen.

5 In einer Bratpfanne wenig Bratbutter erhitzen, die Burger portionsweise beidseitig braten, warm stellen.

Abbildung

Mahlzeit

Italienisches Karottengericht mit weißen Bohnen

100 g weiße Bohnen
1 Lorbeerblatt
500 g Küttiger Rüebli

Tomatensauce
2 EL Olivenöl extra nativ
1 kleine Zwiebel, gehackt
1 Knoblauchzehe, gehackt
250 g Pelati aus dem Glas
1 TL Zucker
1 Prise Cilipulver
Meersalz

1 Die weißen Bohnen über Nacht in kaltem Wasser einlegen, das Wasser abgießen. Die Bohnen mit viel frischem Wasser und dem Lorbeerblatt aufkochen, 50 bis 60 Minuten kochen, bis die Bohnen weich sind, das Lorbeerblatt entfernen.

2 Die Küttiger Rüebli schälen, in mittelgroße Würfel schneiden, über Dampf weich kochen, beiseite stellen.

3 Für die Sauce die Zwiebel und die Knoblauchzehe fein hacken, im Olivenöl andünsten, zerkleinerte Pelati mit Saft, Zucker und Chili zufügen, bei schwacher Hitze 20 Minuten köcheln lassen, abschmecken mit Salz.

4 Weiße Bohnen mit den Küttiger Rüebli zur Tomatensauce geben, aufkochen, eventuell nachwürzen.

Tipp Passt gut zu Polenta oder Knoblauchbrot.

Pfälzer-Reis-Kugeln im Sesammantel

für 24 baum-/walnussgroße Kugeln

150 g Vollkorn-Rundreis
3 dl/300 ml Wasser
2 mittelgroße Pfälzer
5 EL Vollmilchquark
1 Freilandei
4 EL Dinkelmehl
1 TL fein gehackter Ingwer
¼ TL Kardamom
¼ TL Koriander
1½ TL scharfes Currypulver
½ TL Chili
1 TL Sojasauce
1 Knoblauchzehe, durchgepresst
1 Prise Vollrohrzucker
Meersalz

ca. 12 EL weiße Sesamsamen
30 g grüner Lauch, fein gehackt

1 Die Pfälzer schälen und klein würfeln (Brunoise).

2 Den Reis in einer Pfanne trocken rösten, mit dem Wasser ablöschen, aufkochen und bei schwacher Hitze 20 Minuten kochen. Pfälzer auf den Reis verteilen, den Deckel gleich wieder darauf legen. Auf der ausgeschalteten Wärmequelle 10 Minuten quellen lassen.

3 Quark, Ei, Mehl und Gewürze zum Reis geben, gut vermengen, mit Salz abschmecken.

4 Die Sesamsamen mit dem Lauch in einem Teller mischen. Von der Reismasse mit nassen Händen baumnussgroße Kugeln formen, im Sesam-Lauch-Gemisch drehen.

5 In einer Pfanne mit Dämpfaufsatz wenig Wasser aufkochen, die Pfälzer-Reis-Kugeln in den Siebaufsatz legen, 10 Minuten dämpfen.

Tipp Mit verschiedenen Chutneys oder einem Fleischcurry servieren.

Mahlzeit

Karotten-Kartoffel-Schnee

400 g Karotten
400 g mehlig kochende Kartoffeln
1 dl/100 ml Rahm/Sahne
½ dl/50 ml Milch
15 g Butter
1 Prise weißer Pfeffer
1 Prise Muskatnuss
Meersalz

1 Karotten und Kartoffeln schälen und klein würfeln, über Dampf weich garen, durch ein Passevite drehen.

2 Rahm, Milch sowie Butter erhitzen, nach und nach unter das Karotten-Kartoffel-Püree rühren, vielleicht braucht es noch etwas mehr Milch. Mit Pfeffer, Muskat und Salz würzen.

Tipp Passt zu Saucenfleisch und Saucengemüse.

Mahlzeit

Aromatisches Rotkraut-Pfälzer-Gemüse

1 EL Bratbutter/Butterschmalz
1 kleine Zwiebel
1 saftiger Apfel
600 g Rotkabis/-kohl
2 dl/200 ml Rotwein oder Orangensaft
½ TL geriebener Ingwer
½ TL Kreuzkümmelsamen
½ TL Koriander
1 Prise Kardamom
½ TL Meersalz
250 g Pfälzer

1 Zwiebel fein hacken. Apfel schälen, vierteln, entkernen, die Fruchtviertel würfeln. Den Rotkabis fein hobeln.

2 Zwiebeln, Äpfel sowie Rotkabis in der Bratbutter andünsten, mit dem Rotwein ablöschen, aufkochen, die Gewürze und das Salz zufügen, bei schwacher Hitze 5 Minuten kochen. Den Topf von der Wärmequelle nehmen, Gemüse 6 bis 12 Stunden marinieren.

3 Die Pfälzer schälen, klein würfeln (Brunoise), zum Rotkabis geben, aufkochen, bei schwacher Hitze 20 Minuten kochen, eventuell braucht es noch etwas Flüssigkeit.

Tipp Passt zu Polenta.

Pfälzer-Nuss-Torte

für eine Springform von 24 bis 26 cm Durchmesser

4 Eigelbe von Freilandeiern
120 g Vollrohrzucker
½ unbehandelte Zitrone, abgeriebene Schale und Saft
250 g fein geriebene Pfälzer (Bircher-Rohkostreibe)
1 Prise Nelkenpulver
3 Prisen Zimtpulver
3 Prisen Vanillepulver
1 Briefchen Safranpulver
200 g geriebene Baum-/Walnüsse
50 g Dinkelweißmehl/Mehltype 405
2 TL Backpulver
4 Eiweiß
1 Prise Meersalz

Puderzucker oder Mehl zum Bestäuben

1 Den Backofen auf 180 °C vorheizen. Den Rand und den Boden der Springform mit weicher Butter einfetten, mehlen. Oder den Rand mit weicher Butter einfetten, den Boden mit einer Rondelle aus Backpapier belegen.

2 Die Eigelbe mit dem Zucker luftig aufschlagen. Zitronenschalen und Zitronensaft, geriebene Pfälzer und Gewürze unterrühren.

3 Nüsse, Mehl und Backpulver mischen.

4 Das Eiweiß mit der Prise Salz zu Schnee schlagen.

5 Mehl-Nuss-Gemisch und Eischnee abwechselnd unter die Eigelbmasse heben. In die Form füllen.

6 Die Pfälzer-Nuss-Torte im unteren Drittel in den Ofen schieben, bei 180 °C 35 bis 40 Minuten backen.

7 Den Tortenrand sorgfältig lösen, die Torte auf eine Platte stürzen, erkalten lassen. Nach Belieben mit Puderzucker oder Mehl bestäuben.

Knollen-sellerie

Synonyme
Wurzelsellerie, Zellerich, Erpf, Eppich

Familie
Der Knollensellerie (Apium graveolens var. rapaceum) gehört zur Familie der Doldenblütler.

Herkunft
Das deutsche Wort «Sellerie» ist vom französischen «Céleri» abgeleitet.

Geschichte
Der Knollensellerie genoss im Altertum bei den Griechen und bei den Ägyptern großes Ansehen. Er war einerseits Symbol für Sieg, Triumph und Glück, andererseits für Trauer und Tränen. Für die Römer war er ein Antidepressivum. Im Mittelalter war er ein Aphrodisiakum.

Der Knollensellerie wurde schon immer als Gemüse geschätzt, das den Stoffwechsel anregt. Bis er sich auch in Mitteleuropa etablieren konnte, verging geraume Zeit. Dann aber verdrängte er zusammen mit der Karotte und der Kartoffel die Pastinake, die geschmacklich ähnlich ist.

Botanik
Der Knollensellerie ist während des ganzen Jahres erhältlich. Ausgewachsen ist er faustgroß. Die Schale ist hellbraun, mit kleinen Nebenwurzeln. Das Blattwerk ist kräftig und würzig. Das Wurzelfleisch ist weißlich, außen ist es ziemlich fest, gegen die Mitte hin wird es schwammig. An der Luft und im Salzwasser verfärbt sich das Wurzelfleisch rasch bräunlich-gräulich. Dies kann verhindert werden, wenn man ein wenig Zitronensaft über das zerkleinerte Gemüse träufelt oder Zitronensaft direkt ins Kochwasser gibt.

Anbau
Knollensellerie ist heute eines der wichtigsten Freilandgemüse Mitteleuropas. Im Winter wird er vor allem als Suppengemüse verwendet. Mit dem «Waldorfsalat» gelang ihm schließlich auch in der kalten Küche der Durchbruch. Im südlichen Europa ist der Knollensellerie kaum bekannt; seinen Platz nimmt der schlanke, knackige Stangen-/Staudensellerie ein.

Marktangebot
Im Frühling ist der junge «Suppensellerie» mit hellgrünen Blättern und einer Knollengröße von etwa 3 cm Durchmesser auf dem Markt. Im Sommer folgen dann die größeren Knollen, die über ein kräftiges Blattwerk verfügen. Die Haupternte für die Einlagerung ist im Herbst.

Inhaltsstoffe
Für den hohen ernährungsphysiologischen und den typischen würzigen Geschmack sind ätherische Öle verantwortlich, unter anderem Apiin. Die Knolle enthält die Mineralstoffe Kalium, Kalzium, Phosphor, Natrium, Magnesium und Eisen sowie die Vitamine C, E, B_1, B_2, B_{12} und das Provitamin A.

Knollensellerie

Salat

Selleriesalat mit Pflaumen

1 Knollensellerie
6 getrocknete Pflaumen

Sauce
1 unbehandelte Zitrone, 3 EL Saft und
½ TL abgeriebene Schale
4 EL Distelöl
1 Prise Muskatnuss
Meersalz

1 Die Sauce zubereiten.

2 Knollensellerie schälen und auf der Röstiraffel direkt zur Sauce reiben, sofort mischen. 10 Minuten stehen lassen.

3 Die Pflaumen entsteinen und klein schneiden, mit dem Selleriesalat vermengen.

Suppe

Klare Suppe mit bunter Gemüseeinlage

1 TL Bratbutter/Butterschmalz
1 Knollensellerie
7 dl/700 ml Gemüsebrühe
1 Lorbeerblatt
1 Karotte
1 Pfälzer
20 g grüner Lauch
frisch gemahlener Pfeffer
1 Prise Paprikapulver

1 Knollensellerie, Karotte sowie Pfälzer schälen. Den Sellerie in 5 mm dicke Scheiben und diese in 2 cm breite Streifen und diese wiederum in schräge Stücke (Rhomben) schneiden. Karotte, Pfälzer und Lauch in kleine Würfel (Brunoise) schneiden.

2 Den Sellerie in der Butter kurz andünsten, mit der Gemüsebrühe ablöschen, Lorbeerblatt zugeben, aufkochen, die Suppe bei mittlerer Hitze 8 Minuten kochen. Restliches Gemüse zufügen, einige Minuten köcheln lassen, würzen. Lorbeerblatt entfernen.

Suppe

Selleriecrèmesuppe

1 EL Bratbutter/Butterschmalz
1 kleine Zwiebel
250 g Knollensellerie
2½ dl/250 ml Gemüsebrühe
4 dl/400 ml Hafer- oder Kuhmilch
Meersalz
frisch gemahlener Pfeffer
wenig Muskatnuss
1 EL Tannensprössling-Essig, nach Belieben

1 Die Zwiebel und den Sellerie schälen und in kleine Stücke schneiden.

2 Zwiebeln und Sellerie in der Bratbutter andünsten, mit der Gemüsebrühe ablöschen, aufkochen, die Suppe bei mittlerer Hitze 10 Minuten kochen. Hafer- oder Kuhmilch zugeben, pürieren. Würzen.

Vorspeise

Sellerie-Jogurt

für 1 Person

1 Becher (180 g) Naturjogurt
1 TL Zitronensaft
½ TL Baum-/Walnussöl
½ TL flüssiger Blütenhonig

60 g geschälter Knollensellerie
5 Baum-/Walnusskernhälften, grob gehackt

1 Den Jogurt mit dem Zitronensaft, dem Öl und dem Honig gut verrühren. Den Sellerie auf der Bircher-Rohkostreibe dazu reiben, sofort mischen.

2 Sellerie-Jogurt in einem Glas oder in einer Schale anrichten. Nüsse darüber streuen. Die restlichen Zutaten dazugeben, mischen.

Tipp Dieser Jogurt ist eine ausgezeichnete Zwischenverpflegung.

Knollensellerie

Vorspeise

Sellerie-Karotten-Terrine

für 8 bis 10 Personen
für eine mittelgroße Cake-/Kastenform

Selleriepüree
1 TL Bratbutter/Butterschmalz
250 g Knollensellerie, geschält und gewürfelt
1 dl/100 ml Wasser
1 dl/100 ml Rahm/Sahne
frisch gemahlener Pfeffer
1 Prise Muskatnuss
Meersalz
1¼ TL Agar-Agar-Pulver (Reformhaus/Bioladen)
2 EL Wasser
4 EL Kapern
1 Eiweiß
1 Prise Meersalz

Karottenpüree
1 TL Bratbutter/Butterschmalz
200 g Karotten, geschält und gewürfelt
1 dl/100 ml Wasser
Meersalz
1 dl/100 ml Rahm/Sahne
frisch gemahlener Pfeffer
1 Prise Muskatnuss
1¼ TL Agar-Agar-Pulver (Reformhaus/Bioladen)
2 EL Wasser

1 Die Form mit Klarsichtfolie auskleiden.

2 Die Selleriewürfelchen in der Bratbutter andünsten, mit dem Wasser ablöschen, aufkochen und bei mittlerer Hitze weich kochen, etwa 10 Minuten. Rahm beifügen, pürieren. Püree mit Pfeffer, Muskatnuss und Salz würzen.

3 Das Agar-Agar-Pulver mit dem Wasser (2 EL) glatt rühren, 5 Minuten quellen lassen, dann unter das Selleriepüree rühren, aufkochen, bei schwacher Hitze 2 bis 3 Minuten kochen. Kapern unterrühren, etwas auskühlen lassen.

4 Eiweiß mit der Prise Salz steif schlagen, sorgfältig unter das Püree ziehen. In die Form füllen, kühl stellen.

5 Mit den Karotten gleich verfahren. Die Karottenmasse auf die Selleriemasse verteilen. Form mit einer Klarsichtfolie verschließen. Im Kühlschrank etwa 6 Stunden fest werden lassen.

6 Die Terrine 10 Minuten vor dem Servieren aus dem Kühlschrank nehmen, in etwa 15 mm dicke Scheiben schneiden.

Mahlzeit

Mediterraner Sellerie

2 EL Olivenöl extra nativ
1 große Zwiebel
600 g Knollensellerie, geschält
200 g fruchtiger Kürbis, geschält
2 dl/200 ml Wasser
1 TL Majoran
1 TL Rosmarin
2 Prisen Chili
1 Prise grüner Pfeffer
Meersalz
10 schwarze Oliven

1 Die Zwiebel in Ringe schneiden. Sellerie und Kürbis in mittelgroße Würfel schneiden.

2 Zwiebeln, Sellerie und Kürbis im Olivenöl andünsten, mit dem Wasser ablöschen, aufkochen, würzen, bei mittlerer Hitze 10 Minuten kochen, bis das Gemüse weich ist. Die Oliven unterrühren.

Mahlzeit

Sellerie im Nussmantel

für 8 bis 10 Scheiben

1 großer Knollensellerie
1 l Salzwasser
½ Zitrone, Saft

Meersalz
frisch gemahlener Pfeffer
Mehl
1 Freilandei
60 g geriebene Haselnüsse

Bratbutter/Butterschmalz

1 Den Sellerie schälen und in 5 mm dicke Scheiben schneiden.

2 Salzwasser aufkochen, Zitronensaft zufügen, die Sellerieschеiben darin 3 bis 4 Minuten blanchieren. Aus dem Wasser nehmen und erkalten lassen.

3 Die Sellerieschеiben mit Salz und Pfeffer würzen, im Mehl, dann im verquirlten Ei und zuletzt in den Haselnüssen wenden.

4 Die panierten Sellerieschеiben in der Bratbutter bei mittlerer Hitze auf beiden Seiten braten.

Tipp Mit dem Karotten-Kartoffel-Schnee, Seite 30, Wildreis oder einem bunten Blattsalat servieren.

Mahlzeit

Sellerie-Cordon bleu

für 8 bis 10 Cordons bleus

2 mittelgroße Knollensellerie
1 l Salzwasser
½ Zitrone, Saft
350 g Raclettekäse, in Scheiben
ca. 10 Holzzahnstocher

1 EL edelsüßes Paprikapulver
½ TL Meersalz
frisch gemahlener Pfeffer
2 Freilandeier
Mehl
Paniermehl

Bratbutter/Butterschmalz

1 Den Sellerie schälen, in 10 bis 15 mm dicke Scheiben schneiden, eine möglichst große Tasche einschneiden.

2 Das Salzwasser aufkochen, Zitronensaft zufügen, Sellerieschеiben darin 5 Minuten blanchieren. Aus dem Wasser nehmen und erkalten lassen.

3 Die Raclettescheiben auf die Größe der Sellerie-Einschnitte zuschneiden, in die Taschen schieben, mit einem Zahnstocher fixieren.

4 Die Gewürze mischen, die Sellerietaschen beidseitig würzen. Anschließend im Mehl, dann im verquirlten Ei und zuletzt im Paniermehl wenden.

5 Sellerie-Cordons bleus in der heißen Bratbutter bei mittlerer Hitze beidseitig braten.

Mahlzeit

Sellerie an Senfsauce

800 g Knollensellerie
1 EL Bratbutter/Butterschmalz
1½ dl/150 ml Wasser
1 TL Meersalz
1 TL Zitronensaft

Senfsauce
2 EL Butter
2 EL Mehl
1 dl/100 ml Milch
1 dl/100 ml Wasser
2 EL grobkörniger Senf
1 EL milder Senf
Meersalz
frisch gemahlener Pfeffer

1 Den Sellerie schälen und in 5 mm dicke Scheiben schneiden, die Scheiben in Streifen von 2 cm Breite und diese schräg in Rhomben schneiden. Den Sellerie in der Bratbutter bei mittlerer Hitze andünsten, mit dem Wasser ablöschen, Salz und Zitronensaft beifügen, bei mittlerer Hitze etwa 8 Minuten kochen.

2 Für die Senfsauce die Butter zergehen lassen, das Mehl zugeben und andünsten, die Milch und das Wasser unterrühren, die Sauce bei schwacher Hitze dickflüssig einkochen. Den Senf unterrühren, mit Salz und Pfeffer abschmecken. Den Sellerie zur Sauce geben, erhitzen.

Bodenkohlrabi
Kohlrübe

Synonyme
Schmelzräbe, Bodenrübe, Stockrübe, Chou-rave, Wruke, Dorsche, Dotsche, Rutabaga

Familie
Der Bodenkohlrabi (Brassica napus var. nappobrassica) gehört zur Familie der Kreuzblütler.

Herkunft
Der Bodenkohlrabi ist eine alte Kulturpflanze, deren Herkunft unklar ist. Eine Wildform ist nicht bekannt. Man nimmt an, dass er aus einer Kreuzung von Kohlrabi und Herbstrübe im westlichen Mittelmeerraum entstanden ist.

Geschichte
In Kriegs- und Hungerjahren hatte der Bodenkohlrabi Konjunktur. Er bewahrte manche Familie vor dem Schlimmsten. Zu Unrecht wurde er später, als die Zeiten besser waren, als minderwertiges Gemüse behandelt. Heute hat er in alten und neuen Rezepten wieder seinen Platz gefunden.

Botanik

Der Bodenkohlrabi hat einen Durchmesser von 8 bis 12 cm und kann bis $1\frac{1}{2}$ kg schwer werden. Bodenkohlrabi wachsen zu $\frac{4}{5}$ unter der Erde. Die kräftigen, blaugrünen Blätter entwickeln sich rosettenförmig aus der Sprossrübe. Am Wurzelkopf ist die dicke Schale hellgrün, gegen die Wurzelmitte hin gelb. Roh ist das Wurzelfleisch zartgelb, durch das Kochen wird es intensiv gelb.

Inhaltsstoffe

Der Bodenkohlrabi enthält viel Traubenzucker, Eiweiß, Fett, Kalzium und Provitamin A (verantwortlich für die gelbe Farbe) und die Vitamine B_1, B_2 sowie C. Roh schmeckt der Bodenkohlrabi herb bis erdig. Durch das Kochen bekommt er einen aromatisch süßlichen, schmelzenden Geschmack (Schmelzräbe).

Anbau

Der Bodenkohlrabi wird in den gemäßigten Klimazonen angebaut. Er ist anspruchslos und schnellwachsend (Dreimonatspflanze). Häufig wird er Anfang oder Ende Juli als Nachfrucht gesät. Er muss im Spätherbst nicht gleich geerntet werden, da er Temperaturen von bis minus 10 °C unbeschadet übersteht. Leider ist der Bodenkohlrabi anfällig auf den Drahtwurm, der sich durch die Rübe frisst und dünne, schwarze Spuren hinterlässt.

Bodenkohlrabi – Kohlrübe

Salat

Bodenkohlrabisalat an Zitronensauce

500 g Bodenkohlrabi

Sauce
1 unbehandelte Zitrone, 2 TL abgeriebene Schale und
3 EL Saft
5 EL Distelöl
1 Prise frisch gemahlener Pfeffer
Meersalz

1 Zitronensaft und Distelöl sämig rühren, mit Zitronenschalen, Pfeffer und Salz würzen.

2 Bodenkohlrabi schälen und in feine Stäbchen hobeln oder fein reiben (Bircher-Rohkostreibe), mit der Salatsauce vermengen, einige Minuten ziehen lassen.

Suppe

Indische Bodenkohlrabisuppe

1 EL Bratbutter/Butterschmalz
400 g Bodenkohlrabi
1 Apfel
7 dl/700 ml Wasser
1 EL Maisstärke
1 dl/100 ml Milch
1 Prise weißer Pfeffer
½ TL frisch geriebener Ingwer
½ TL Curry oder Garam masala
1 unbehandelte Zitrone, 1 TL abgeriebene Schale
Meersalz
½ dl/50 ml Rahm/Sahne

1 Die Bodenkohlrabi schälen und würfeln. Den Apfel vierteln, entkernen und würfeln.

2 Bodenkohlrabi und Äpfel in der Butter andünsten, mit dem Wasser ablöschen, aufkochen, 10 Minuten bei mittlerer Hitze kochen. Pürieren.

3 Die Maisstärke mit der Milch glatt rühren, zur Suppe geben, aufkochen, kurz kochen lassen, würzen, mit dem Rahm verfeinern.

Vorspeise

Bodenkohlrabisoufflé

für 4 Souffléförmchen

1 TL Bratbutter/Butterschmalz
400 g Bodenkohlrabi
1½ dl/150 ml Wasser
2 EL schwarze Sesamsamen
3 EL Maisstärke
3 Eigelbe von Freilandeiern
1 Prise weißer Pfeffer
1 Prise Muskatnuss
1 unbehandelte Zitrone, wenig abgeriebene Schale
1 TL Meersalz
3 Eiweiß

Butter für die Förmchen
wenig Mehl für die Förmchen

1 Die Souffléförmchen mit Butter einfetten, mit Mehl ausstäuben.

2 Den Backofen auf 200 °C vorheizen.

3 Bodenkohlrabi schälen und klein würfeln, in der Bratbutter andünsten, mit dem Wasser ablöschen, aufkochen, bei mittlerer Hitze kochen, bis das Gemüse weich ist, pürieren und erkalten lassen.

4 Sesamsamen, Maisstärke, Eigelbe sowie Gewürze unter das Gemüsepüree rühren.

5 Das Eiweiß steif schlagen, sorgfältig unter das Gemüsepüree ziehen. Die Masse in die vorbereiteten Förmchen füllen.

6 Die Förmchen in der Mitte in den Ofen schieben, die Soufflés bei 200 °C 25 bis 30 Minuten backen. Sofort servieren!

Bodenkohlrabi – Kohlrübe

Vorspeise

Bodenkohlrabisalat mit Essiggurken

400 g Bodenkohlrabi

Sauce
2 EL Weißweinessig
3 EL Sonnenblumenöl
½ Knoblauchzehe, durchgepresst
4 kleine Essiggurken, klein gewürfelt
1 TL fein geschnittener Dill
1 Prise weißer Pfeffer
Meersalz

1 Die Bodenkohlrabi schälen, in Stäbchen schneiden, über Dampf weich garen.

2 Die Sauce zubereiten.

3 Die noch warmen Bodenkohlrabistäbchen mit der Sauce vermengen. Ein paar Minuten ziehen lassen.

Mahlzeit

«Fricktaler Rübepappe»

1 EL Bratbutter/Butterschmalz
400 g Bodenkohlrabi
1 Kartoffel
200 ml/2 dl Wasser
1 Lorbeerblatt
1 Prise Muskatnuss
1 Prise weißer Pfeffer
Meersalz
2 EL Butter

1 EL Bratbutter/Butterschmalz
1 große Zwiebel

1 Bodenkohlrabi und Kartoffel schälen und klein würfeln, in der Bratbutter andünsten, mit dem Wasser ablöschen, das Lorbeerblatt zufügen, aufkochen, 15 Minuten bei mittlerer Hitze kochen. Das Lorbeerblatt entfernen und den Topfinhalt pürieren. Würzen. Mit der Butter verfeinern.

2 Die Zwiebel in Ringe schneiden, in der Bratbutter goldbraun braten, über das Püree verteilen.

Mahlzeit

Bodenkohlrabi mit Federkohl und Oliven

2 EL Olivenöl extra nativ
600 g Bodenkohlrabi
1 dl/100 ml Wasser
1 TL Meersalz
1 TL gehackte Rosmarinnadeln
200 g Federkohl
50 g entsteinte schwarze Oliven, gehackt
wenig frisch gemahlener Pfeffer

1 Den Bodenkohlrabi schälen, in mitteldicke Stäbchen schneiden. Die Federkohlblätter in 2 bis 3 cm breite Streifen schneiden.

2 Den Bodenkohlrabi im Olivenöl andünsten, mit dem Wasser ablöschen, mit Salz und Rosmarin würzen, aufkochen und bei schwacher Hitze 8 Minuten kochen. Federkohlstreifen zugeben und nochmals 6 bis 8 Minuten kochen. Die Oliven unterrühren, mit Pfeffer abschmecken.

Tipp Mit Polenta oder Risotto servieren.

Mahlzeit

Gedünstete Bodenkohlrabi mit Anis

1 EL Bratbutter/Butterschmalz
800 g Bodenkohlrabi
1 TL Anissamen
1 dl/100 ml Wasser
Meersalz
frisch gemahlener Pfeffer

1 Die Bodenkohlrabi schälen und in etwa 5 mm dicke Scheiben, diese in 2 cm große Rhomben oder Quadrate schneiden.

2 Bodenkohlrabi und Anissamen in der Bratbutter andünsten, mit dem Wasser ablöschen, aufkochen, mit Salz und Pfeffer würzen, 10 Minuten bei mittlerer Hitze dünsten.

Bodenkohlrabi – Kohlrübe

Mahlzeit

Bodenkohlrabi-Sauerkraut-Gemüse

1 EL Bratbutter/Butterschmalz
1 Zwiebel
600 g Bodenkohlrabi
250 g Sauerkraut
½ l Wasser
1 TL Kümmelsamen
1 Kartoffel
Meersalz
frisch gemahlener Pfeffer
1 Prise Curry

1 Die geschälte Zwiebel fein hacken. Den Bodenkohlrabi schälen, in mittelgroße Würfel schneiden.

2 Zwiebeln und Bodenkohlrabi in der Bratbutter andünsten, Sauerkraut, Wasser und Kümmel dazugeben, aufkochen, 20 Minuten bei mittlerer Hitze kochen.

3 Kartoffel schälen, auf der Bircher-Rohkostreibe direkt zum Gemüse reiben, mit Salz, Pfeffer und Curry würzen, 10 Minuten bei schwacher Hitze kochen.

Tipp Dieses Gemüse passt zu Wurst, Schinken, Speck und Getreidebratlingen.

Abbildung

Mahlzeit

Winterlicher Rübeneintopf mit Tofu

1 EL Bratbutter/Butterschmalz
1 kleine Zwiebel
350 g Bodenkohlrabi
150 g Wirz/Wirsing
250 g Kartoffeln
2 dl/200 ml Gemüsebrühe
1 Lorbeerblatt
1 Prise Muskatnuss
frisch gemahlener Pfeffer
Meersalz

1–2 EL Olivenöl extra
200 g marinierter Tofu, gewürfelt

1 Den Bodenkohlrabi schälen und würfeln. Den Wirz in 3 cm breite Streifen schneiden. Die Kartoffeln schälen und würfeln. Die Zwiebel grob hacken.

2 Zwiebeln, Bodenkohlrabi und Wirz in der Bratbutter andünsten. Kartoffeln, Gemüsebrühe und Lorbeerblatt zugeben, mit Muskatnuss, Pfeffer und Salz würzen, bei mittlerer Hitze weich garen.

3 Tofuwürfel in einer beschichteten Bratpfanne im Olivenöl braten, unter das Gemüse mischen, zugedeckt 2 Minuten ziehen lassen.

Bodenkohlrabi – Kohlrübe

Mahlzeit

Blätterteigtaschen mit Bodenkohlrabi-Lauch-Füllung

für 10 bis 12 Teigtaschen

350 g Blätterteig

Füllung
200 g Bodenkohlrabi
150 g Lauch
50 g kräftiger Reibkäse
1 EL Rapsöl
1 TL Paprikapulver
frisch gemahlener Pfeffer
Meersalz
2 Prisen Muskatnuss
1 Eigelb

1 Bodenkohlrabi schälen, auf der Röstiraffel hobeln. Die zähen Hüllblätter beim Lauch entfernen, den Lauch längs halbieren, quer in Streifen schneiden. Bodenkohlrabi und Lauch im Dampf weich garen. Abkühlen lassen.

2 Gemüse, Käse, und Rapsöl vermengen, gut würzen.

3 Den Backofen auf 220 °C vorheizen.

4 Blätterteig etwa 2 mm dick ausrollen,10 bis 12 gleich große Quadrate schneiden. Die Füllung in die Mitte der Quadrate verteilen. Ränder mit Wasser bepinseln, die Quadrate zu Dreiecken zusammenklappen, mit Eigelb bepinseln. Teigtaschen auf ein mit Backpapier belegtes Blech legen.

5 Das Blech in der Mitte in den Ofen schieben, Teigtaschen bei 220 °C 20 bis 25 Minuten backen.

Tipp Mit einem Randen-, Karotten- oder bunten Blattsalat servieren.

Pastinake

Synonyme
Balsternak, Pasterna, Moorwurzel, Germanenwurzel, Hirschhornröhre, Hammelsmöhre, Welscher Persil

Familie
Die Pastinake (Pastinaca sativa) gehört zur Familie der Doldengewächse. Der Name ist lateinischen Ursprungs.

Herkunft
Die Wildform der Pastinake ist in ganz Europa und in Asien, vom Kaukasus bis nach Sibirien, verbreitet. Sie ist eine der ältesten Sammelpflanzen der eurasischen Urbevölkerung. In der Nordostschweiz und in Südwestdeutschland wurden Früchte aus der Jungsteinzeit gefunden. In Italien wurde die Pastinake erstmals angebaut. Von dort aus gelangte sie in die Schweiz und nach Deutschland. Als Kulturpflanze erfreute sie sich bis ins 18 Jh. großer Beliebtheit. Danach wurde sie in Mitteleuropa von der Kartoffel, der Karotte und dem Sellerie verdrängt.

Botanik
Es wird angenommen, dass die Pastinake das Produkt einer Kreuzung von Karotte und Petersilie ist. Die Kulturzeit kann bis 200 Tage dauern. Sie wird im Frühjahr gesät und erst nach dem ersten Frost geerntet, wenn sich ihr voller Geschmack entfaltet hat. Die Wurzel ist winterhart.
Die Pastinake wird 20 bis 30 cm lang und kann einen Durchmesser von 5 bis 8 cm und ein durchschnittliches Gewicht von 300 Gramm erreichen. Die Wurzel ist elfenbeinfarbig, mit dunkelbraunen feinen, ringartigen Einbuchtungen. Das Wurzelfleisch hat die gleiche Farbe, es ist am Wurzelende kompakt und wird gegen den Wurzelkopf hin immer fasriger.

Inhaltsstoffe

Die Pastinake hat einen hohen Nährwert. Der Anteil an Kohlenhydraten beträgt 2,9 %. Weitere Inhaltsstoffe sind Eiweiß, Fett, Kalium, Phosphor, Kalzium und Magnesium. Der hohe Gehalt an ätherischem Öl (1,5–3,6%) ist verantwortlich für den intensiven, aromatischen, leicht süßlichen, Geschmack, der zwischen Karotte und Knollensellerie liegt. Die Wurzeln sind gut verträglich und eignen sich wie die Karotten für die Kleinkinderernährung.

Küche

In England, Frankreich, Skandinavien und in den USA wird die Pastinake großflächig angebaut und gilt im Winter als Feinschmecker-Gemüse. In Mitteleuropa findet sie vor allem in der Nahrungsmittelindustrie Verwendung, welche die Wurzel zu Babynahrung und Trockengemüse in Fertigsuppen oder für Gemüsemischungen verarbeitet.

Pastinake

Salat

Pastinakensalat

1 Apfel
300 g Pastinaken

Sauce
100 g Naturjogurt
3 EL Zitronensaft
3 EL Apfelsaft
1 EL Sonnenblumenöl
½ TL scharfes Currypulver
Meersalz

1 Für die Sauce Jogurt, Zitronen- und Apfelsaft sowie Sonnenblumenöl verrühren, mit Curry und Salz würzen.

2 Apfel samt Schale und geschälte Pastinaken auf der Röstiraffel zur Sauce reiben, vermengen.

Salat

Pastinaken-Grapefruit-Salat

300 g Pastinaken
1 rosa Grapefruit
2 EL Korinthen
1–2 Brüsseler Endivien

Sauce
4 EL Sonnenblumenöl
½ Zitrone, Saft
Meersalz
frisch gemahlener weißer Pfeffer

1 Für die Sauce Sonnenblumenöl und Zitronensaft sämig rühren, mit Salz und Pfeffer würzen.

2 Die Pastinaken schälen und in feine Stäbchen schneiden, sofort mit der Sauce vermengen, damit sie sich nicht braun verfärben.

3 Die Grapefruit schälen, die Fruchtfilets aus den Trennhäutchen lösen, quer halbieren, mit den Korinthen unter den Salat mischen.

4 Bei der Brüsseler Endivie äußere Blätter entfernen, die Blätter abbrechen oder abschneiden, mit dem Pastinakensalat füllen.

Salat

Lauwarmer Pastinakensalat

1 EL Bratbutter/Butterschmalz
4 mittelgroße Pastinaken
2 dl/200 ml Apfelsaft
2 EL Obstessig
2 EL Sonnenblumenöl
1 Prise weißer Pfeffer
1 Prise Muskatnuss
Meersalz

1 Die Pastinaken unter fließendem Wasser gründlich reinigen, ungeschält in feine Scheiben hobeln.

2 Die Pastinaken in der Bratbutter andünsten, mit dem Apfelsaft ablöschen, aufkochen, etwa 8 Minuten bei mittlerer Hitze kochen, bis die Pastinaken weich sind. Obstessig und Sonnenblumenöl unterrühren, würzen. Sofort servieren.

Tipp Den lauwarmen Salat auf knackig gedämpftem Lauch anrichten.

Vorspeise

Pastinakenchips

500 g Pastinaken
½ l Frittieröl (Erdnussöl)
Meersalz
Currypulver

1 Die Pastinaken unter fließendem Wasser gründlich reinigen, ungeschält in feine Scheiben hobeln.

2 Erdnussöl auf 180 bis 200 °C erhitzen, Pastinaken in kleinen Portionen (die Öltemperatur bleibt so konstant und das Frittieröl beginnt nicht zu schäumen) während 3 bis 5 Minuten in einer Fritteuse oder in einem Gusseisentopf knusprig frittieren. Die Chips auf Haushaltpapier abtropfen lassen. Würzen. Sofort servieren.

Tipp Pastinakenchips zum Aperitif servieren oder als Garnitur für einen Salat verwenden.

Wichtig Die Chips fallen nach 15 Minuten zusammen und schmecken «ölig». Deshalb gleich servieren.

Pastinake

Vorspeise

Pastinaken-Lauch-Nester

200 g Pastinaken
200 g grüner Lauch

2 Freilandeier
6 EL Weißmehl/Mehltype 405
1 TL gehackte Rosmarinnadeln
½ TL Meersalz
2 Prisen Chillipulver

Bratbutter/Butterschmalz

1 Pastinaken schälen, mit dem Sparschäler Streifen abziehen. Beim Lauch äußere Blätter entfernen, Stangen längs halbieren und in Längsrichtung in feine Streifen schneiden. Pastinaken- und Lauchstreifen über Dampf knackig kochen, auskühlen lassen.

2 Eier, Mehl, Rosmarin, Salz und Chili zu einem Teig rühren.

3 Die Bratbutter in einer Bratpfanne erhitzen. Mit einer grobzinkigen Gabel etwas Gemüse aufrollen, im Teig wenden, Gemüsenester in der Bratpfanne einseitig goldbraun backen.

Tipp Die Nester sehen nicht nur dekorativ aus, sie schmecken auch ausgezeichnet. Mit einer Tomatensauce und Wildreis kombinieren.

Abbildung

Mahlzeit

Saures Pastinakengemüse

1 EL Bratbutter/Butterschmalz
1 Zwiebel
800 g Pastinaken
1 Lorbeerblatt
½ dl/50 ml Weißwein
½ dl/50 ml Wasser
1 Prise weißer Pfeffer
1 TL Weißweinessig
Meersalz

1 Die Zwiebel fein hacken. Die Pastinaken schälen, in mittelgroße Würfel schneiden.

2 Zwiebeln und Pastinaken in der Butter andünsten, das Lorbeerblatt zugeben, mit Weißwein und Wasser ablöschen und bei mittlerer Hitze 8 bis 10 Minuten kochen, Lorbeerblatt entfernen, mit Pfeffer, Weißweinessig und Salz würzen.

Mahlzeit

Gemüseeintopf mit Marroni

300 g Pastinaken
200 g Pfälzer
250 g Kürbis, z. B. Butternut
250–300 g gefrorene Marroni

Sauce
2 dl/200 ml Weißwein
2 dl/200 ml Wasser
2 EL Weißmehl/Mehltype 405
30 g Butter
wenig Muskatnuss
wenig frisch gemahlener Pfeffer
Meersalz

1 Die Pastinaken und die Pfälzer schälen und in mittelgroße Würfel schneiden. Den Kürbis schälen und entkernen, in mittelgroße Würfel schneiden. Gemüse über Dampf knackig garen.

2 Für die Sauce Weißwein, Wasser und Mehl in einer Pfanne glatt rühren, Butter zugeben, unter Rühren aufkochen, 10 Minuten bei schwacher Hitze köcheln, immer wieder rühren. Gemüse und Marroni zufügen, köcheln lassen, bis die Marroni weich sind, mit Muskatnuss, Pfeffer und Salz würzen.

Abbildung

Mahlzeit

Pastinakenküchlein

Pastinakenpüree
1 EL Bratbutter/Butterschmalz
1 Zwiebel, fein gehackt
400 g Pastinaken, gewürfelt
1 Lorbeerblatt
je ½ dl/50 ml Milch und Wasser
Meersalz

Pastinakenküchlein
2 Freilandeier
50 g Dinkelweißmehl/Mehltype 405
50 g geriebener Käse
400 g Pastinakenpüree
½–1 TL edelsüßes Paprikapulver
1 Knoblauchzehe, durchgepresst
frisch gemahlener Pfeffer, Meersalz

Bratbutter/Butterschmalz

1 Für das Püree Zwiebeln und Pastinaken in der Butter andünsten, mit wenig Wasser ablöschen, Lorbeerblatt zufügen, aufkochen, bei schwacher Hitze weich kochen, das Lorbeerblatt entfernen. Das Gemüse durch das Passevite drehen. Pastinakenpüree mit der Milch und dem Wasser erhitzen, abschmecken.

2 Die Eier verquirlen, zuerst das Mehl, dann den Käse und das Pastinakenpüree unterrühren, würzen.

3 Bratbutter in einer Bratpfanne erhitzen, Pastinakenmasse mit einem Eisportionierer portionieren, in die Bratpfanne geben, die Küchlein beidseitig backen.

Pastinake

Dessert

Pastinakencrème

250 g Pastinaken
1 dl/100 ml Apfelsaft
200 g Vollmilchquark
¾ dl/75 ml Apfelsaft
1 TL Zitronensaft
2 EL Akazienhonig

100 g Hagebuttenkonfitüre
wenig Wasser
einige Spritzer Zitronensaft

1 Die Pastinaken schälen und klein würfeln, im Apfelsaft weich kochen. Pürieren und erkalten lassen.

2 Quark, Apfel- und Zitronensaft und Honig luftig aufschlagen, das Pastinakenpüree unterziehen.

3 Die Hagebuttenkonfitüre mit wenig Wasser und Zitronensaft verdünnen, in Gläser füllen. Pastinakencreme in einen Spritzbeutel mit Sterntülle füllen, in die Gläser spritzen.

Abbildung

Dessert

Pastinakengugelhupf

10 Pflaumen, 2 EL Rum
350 g Pastinaken, 1 dl/100 ml Apfelsaft
100 g zimmerwarme Butter
150 g Vollrohrzucker
5 Eigelbe von Freilandeiern
1 unbehandelte Zitrone, abgeriebene Schale und Saft
2½ dl/250 ml Milch
400 g Dinkelvollkornmehl
je 1 Prise Zimt- und Nelkenpulver und weißer Pfeffer
3 EL phosphatfreies Backpulver
5 Eiweiß, 1 Prise Meersalz

1 Die Pflaumen entsteinen und grob hacken, über Nacht im Rum einlegen.

2 Die Pastinaken schälen und klein würfeln, im Apfelsaft weich kochen, mit der Flüssigkeit pürieren oder durch ein Passevite drehen.

3 Backofen auf 180 °C vorheizen. Eine große oder zwei kleine Gugelhupfformen mit Butter einfetten, mehlen.

4 Butter, Zucker, Eigelb, Zitronenschalen und -saft luftig aufschlagen, Pastinakenpüree und Pflaumen zugeben.

5 Mehl, Gewürze und Backpulver mischen. Eiweiß und das Salz steif schlagen. Den Eischnee und das Mehl abwechselnd unter die Eigelbmasse ziehen, etwa ¾ hoch in die Form füllen.

6 Gugelhupf in der Mitte in den Ofen schieben, bei 180 °C 60 bis 90 Minuten backen.

Petersilienwurzel

Synonyme
Wurzelpetersilie, Hirschmöhre

Familie
Die Petersilienwurzel (Petroselinum crispum ssp. tuberosum) gehört zur Familie der Doldenblütler.

Geschichte
Die Heimat der Petersilienarten ist im südöstlichen Mittelmeergebiet. Für die Griechen war die Petersilie ein heiliges Kraut, welches in der Küche nichts zu suchen hatte. Aus medizinischer Sicht schätzte man sie als harntreibendes und blutreinigendes Mittel. Die Römer brachten die Pflanze in den germanischen Raum, wo sie sich als Küchengewürz etablierte.

Die Petersilienwurzel fristet im Gegensatz zu ihren populären Artgenossinnen (subspecies oder ssp.), der Blatt- und der Krautpetersilie, ein Mauerblümchendasein. So wie die zwei Grünblättrigen im Sommer die Würze bringen, kann das die Petersilienwurzel im Winter.

Botanik
Ab Oktober werden die 6 bis 12 cm langen Wurzeln geerntet. Das Kraut ist etwas größer als das der Blattpetersilie. Die konische Wurzel ist elfenbeinfarbig. Sie sieht der Pastinake sehr ähnlich, ist jedoch kleiner und von herberem Geschmack. Auch am Blattansatz unterscheidet sie sich, sie hat keine Vertiefung. Bezüglich Geschmack erinnert die Petersilienwurzel an Karotten, Knollensellerie, Pastinaken und natürlich an Petersilie.

Inhaltsstoffe

Für den charakteristischen Geruch und Geschmack ist in erster Linie das ätherische Öl «Apiol» verantwortlich. Es kann je nach Anbaumethode und Standort stark variieren. Bemerkenswert ist der hohe Gehalt an Eiweiß, Kalzium und Eisen. Ebenso stark vertreten sind das Provitamin A und die Vitamine C, B_1, B_2, E und Folsäure.

Anbau

Die Petersilienwurzel wird heute in Mittel-, Ost- und Nordeuropa in kleineren Mengen angebaut. In den Wintermonaten ist sie auf regionalen Märkten zu finden.

Petersilienwurzel

Salat

Petersilienwurzelsalat mit Kokosflocken

500 g Petersilienwurzeln

Sauce
6 EL Zitronensaft
3 EL Apfelsaft
8 EL Distelöl
½ TL Kardamompulver
½ TL Anissamen
weißer Pfeffer
Meersalz
6 EL Kokosnussflocken
8 EL Wasser

1 Kokosnussflocken mit dem Wasser verrühren und 10 Minuten quellen lassen.

2 Die Sauce zubereiten und mit Pfeffer und Salz abschmecken. Die Kokosnussflocken unterrühren.

3 Die Petersilienwurzeln schälen und auf der Bircher-Rohkostreibe zur Sauce reiben, gut vermengen.

Tipp Der süßliche, würzige Salat passt gut zum herben Zuckerhut.

Salat

Fruchtiger Petersilienwurzelsalat

350 g Petersilienwurzeln
1 großer Apfel

Sauce
4 EL Zitronensaft
3 EL Quark
3 EL Distelöl
½ EL grobkörniger Senf
Salz
frisch gemahlener Pfeffer

1 Die Sauce zubereiten, mit Salz und Pfeffer würzen.

2 Die Petersilienwurzeln schälen, auf der Bircher-Rohkostreibe zur Sauce reiben. Den Apfel mit Schale ebenfalls dazu reiben, gut vermengen.

Suppe

Petersilienwurzel-Crèmesuppe

½ EL Bratbutter/Butterschmalz
200 g Petersilienwurzeln
1 Zwiebel
½ l Wasser
2 dl/200 ml Milch
wenig Muskatnuss
frisch gemahlener weißer Pfeffer
Meersalz
½ Bund glattblättrige Petersilie

1 Petersilienwurzeln schälen und würfeln. Zwiebel fein hacken.

2 Petersilienwurzeln und Zwiebeln in der Bratbutter andünsten, mit Wasser und Milch ablöschen, bei mittlerer Hitze 15 Minuten kochen, bis das Gemüse weich ist. Pürieren.

3 Die Suppe erhitzen, mit Muskat, Pfeffer und Salz würzen. Anrichten. Die fein gehackte Petersilie darüber streuen.

Vorspeise

Marinierte Petersilienwurzeln

300 g Petersilienwurzeln
1 Karotte

Vinaigrette
2 EL Rotweinessig
½ EL Balsamico-Essig
4 EL Olivenöl extra nativ
2 EL Distelöl
1 EL Estragon, nur Blättchen
frisch gemahlener Pfeffer
1 Prise Chilipulver
1 Prise Zimtpulver
Meersalz

1 Petersilienwurzeln schälen, in etwa 4 cm lange, dünne Stäbchen schneiden. Die Karotte schälen und klein würfeln (Brunoise). Beide Gemüse über dem Dampf knackig garen.

2 Die Vinaigrette zubereiten, würzen.

3 Das noch lauwarme Gemüse mit der Vinaigrette gut vermengen, 15 bis 30 Minuten marinieren.

Petersilienwurzel

Vorspeise

Ofenküchlein mit Petersilienquark

für 8 bis 10 Ofenküchlein

Brandteig
2 dl/200 ml Wasser
2 Prisen Meersalz
50 g Butter
100 g Dinkelweißmehl/Mehltype 405
2 Freilandeier

Füllung
200 g Magerquark
80 g Petersilienwurzeln, geschält und fein gerieben
1 Prise Currypulver
frisch gemahlener Pfeffer
½ TL Baum-/Walnussöl
Meersalz
½ dl/50 ml Schlagrahm/-sahne
½ Bund glattblättrige Petersilie

1 Für den Brandteig Wasser, Salz und Butter erhitzen, das Dinkelmehl im Sturz dazugeben, rühren, bis sich der kompakte Teig vom Pfannenboden löst. Die Pfanne von der Wärmequelle nehmen, den Teig etwas auskühlen lassen.

2 Den Backofen auf 180 °C vorheizen.

3 Die Eier unter den Teig rühren. Den Teig in einen Spritzbeutel mit Sterntülle füllen, 8 bis 10 Ofenküchlein auf ein mit Backpapier belegtes Blech spritzen.

4 Das Blech in der Mitte in den Ofen schieben, die Ofenküchlein bei 180 °C 45 Minuten backen. Auskühlen lassen.

5 Den Quark in eine Schüssel geben. Die Petersilienwurzeln schälen und auf der Bircher-Rohkostreibe dazu reiben, würzen. Den Schlagrahm und die Petersilie unterrühren.

6 Die Ofenküchlein mit einer Schere aufschneiden, mit der Quarkmasse füllen.

Petersilienwurzel

Mahlzeit

Lammragout mit Petersilienwurzeln

2 EL Bratbutter/Butterschmalz
400 g Lammragout
2 EL Mehl
1½ dl/150 ml Weißwein
1½ dl/150 ml Wasser
1 Briefchen Safranpulver
frisch gemahlener Pfeffer
Meersalz
200 g Petersilienwurzeln
4 EL Rahm/Sahne

1 Das Lammragout in der Bratbutter rundum kräftig anbraten, mit dem Mehl bestäuben, das Fleisch nochmals wenden, mit dem Weißwein und dem Wasser ablöschen, aufkochen, Safran unterrühren, würzen mit Pfeffer und Salz, bei mittlerer Hitze 30 Minuten schmoren lassen.

2 Die Petersilienwurzeln schälen und längs halbieren oder vierteln, zum Fleisch geben, weitere 15 Minuten garen. Mit dem Rahm verfeinern.

Tipp Zu diesem Gericht passen Kartoffelpüree, Nudeln oder Reis.

Abbildung

Mahlzeit

Risotto mit Petersilienwurzeln

200 g Rundkorn-Vollreis
3 dl/300 ml Wasser

1 EL Bratbutter/Butterschmalz
1 Zwiebel
2 Knoblauchzehen
150 g Petersilienwurzeln
2 dl/200 ml Gemüsebrühe
1 dl/100 ml Weißwein
1 Briefchen Safranpulver
frisch gemahlener Pfeffer
Meersalz
1–1½ dl/100–150 ml Rahm/Sahne
50 g geriebener Parmesan

1 Den Reis mit dem Wasser aufkochen, 30 Minuten kochen, auf der ausgeschalteten Wärmequelle etwa 10 Minuten quellen lassen.

2 Zwiebeln und Knoblauchzehen fein hacken. Die Petersilienwurzeln schälen, in Würfelchen schneiden.

3 Zwiebeln, Knoblauch und Petersilienwurzeln in der Bratbutter andünsten, Gemüsebrühe dazugeben, aufkochen, bei mittlerer Hitze 5 Minuten kochen. Reis, Weißwein und Safran zum Gemüse geben und aufkochen. Kurz weiterköcheln, bis der Risotto von sämiger Konsistenz ist. Den Rahm unterrühren, mit Pfeffer und Salz abschmecken. Den Parmesan separat servieren.

Tipp Mit einem bunten Blattsalat servieren.

Petersilienwurzel

Mahlzeit

Rosenkohl-Petersilienwurzel-Eintopf

2 EL Bratbutter/Butterschmalz
1 Zwiebel
500 g Petersilienwurzeln
300 g Rosenkohl
2 dl/200 ml Wasser
1 Lorbeerblatt
1 EL gehackte Rosmarinnadeln
frisch gemahlener Pfeffer
Meersalz
1 EL Baum-/Walnussöl

1 Die Zwiebel fein hacken. Die Petersilienwurzeln unter fließendem Wasser waschen, ungeschält in mittelgroße Würfel schneiden. Die äußeren Blätter beim Rosenkohl entfernen.

2 Zwiebeln, Petersilienwurzeln und Rosenkohl in der Bratbutter andünsten, mit dem Wasser ablöschen, aufkochen, Lorbeerblatt und Rosmarin zufügen, mit Pfeffer und Salz würzen, bei mittlerer Hitze 10 bis 15 Minuten garen. Das Lorbeerblatt entfernen. Den Eintopf mit dem Baumnussöl abschmecken.

Tipp Mit Bratkartoffeln, Mais oder/und einem Saucenfleisch servieren.

Mahlzeit

Nudeln mit Petersilienwurzel-Morchel-Sauce

400 g grüne Nudeln

8 g getrocknete Morcheln
3 dl/300 ml lauwarmes Wasser
1 EL Bratbutter/Butterschmalz
200 g Petersilienwurzeln
2 dl/200 ml Wasser
1 dl/100 ml Morchelwasser
1½ EL Maisstärke
1½ dl/150 ml Rahm/Sahne
frisch gemahlener Pfeffer, 1 Prise Chilipulver
Meersalz, 1 EL roter Portwein

1 Die Morcheln im lauwarmen Wasser 30 Minuten einweichen. Die Pilze aufschneiden, unter fließendem Wasser reinigen. Das Morchelwasser sieben.

2 Die Petersilienwurzeln schälen und in Würfelchen schneiden.

3 Die Petersilienwurzeln in der Bratbutter andünsten, mit dem Wasser ablöschen, aufkochen, bei mittlerer Hitze 3 Minuten kochen. Maisstärke und Morchelwasser verrühren, mit dem Rahm und den Morcheln zum Gemüse geben, aufkochen, einige Minuten köcheln lassen, mit Pfeffer, Chili und Salz würzen, mit dem Portwein abrunden.

4 Die Nudeln in reichlich Salzwasser al dente kochen, zur Sauce geben, vermengen.

Süßer Petersilienwurzelkuchen

für eine Kuchenform von 24 bis 26 cm Durchmesser

Kuchenteig
200 g Dinkelvollkornmehl
¼ TL Meersalz
2 EL Vollrohrzucker
50 g kalte Butterstückchen
4–5 EL Wasser

3 EL geriebene Haselnüsse

Füllung
2 dl/200 ml Milch
1 dl/100 ml Rahm/Sahne
2 Freilandeier
4 EL Blütenhonig
2 EL Dinkelmehl
1 unbehandelte Zitrone, abgeriebene Schale
je 2 Prisen Zimt- und Vanillepulver
1 Prise Nelkenpulver
200 g Petersilienwurzeln
5 Boskoop Äpfel

Garnitur
1 Becher (1,8 dl/180 ml) Rahm/Sahne
2 EL Haselnussmus
1½ EL Blütenhonig
2–3 EL Baileys (Rahmlikör)

1 Für den Teig Mehl, Salz und Zucker mischen, die Butterstückchen mit dem Mehl krümelig reiben, das Wasser zugeben, zu einem Teig zusammenfügen. Den Teig zwischen zwei Klarsichtfolien auf Formgröße ausrollen, in die eingefettete Form legen. 30 Minuten kühl stellen.

2 Den Backofen auf 180 °C vorheizen.

3 Milch, Rahm, Eier, Honig und Mehl glatt rühren, die Gewürze zufügen. Petersilienwurzeln und Äpfel schälen und auf der Röstiraffel zum Guss reiben, vermengen.

3 Den Teigboden mit den Haselnüssen bestreuen. Die Füllung darauf verteilen.

4 Die Form in der Mitte in den Ofen schieben, den Petersilienwurzelkuchen bei 180 °C 30 Minuten backen. Erkalten lassen.

5 Den Rahm mit dem Haselnussmus und Honig halbsteif schlagen, Baileys zufügen, steif schlagen, in einen Spritzsack mit Sterntülle füllen, den Kuchen damit garnieren.

Rande
Rote Bete

Synonyme
Rote Rübe, Salatbete, Salatrübe, Runkelrübe, Rahne, Rohne, Roter Rettich, Rotmöhre, Betarübe

Familie
Die Rande/Rote Bete (Beta vulgaris) gehört zur Familie der Gänsefußgewächse.

Herkunft
Rande/Rote Bete, Mangold, Futter- und Zuckerrübe stammen von der formenreichen Meerstrandrübe oder dem Seemangold (Beta vulgaris maritima) ab. Sie sind hauptsächlich in den Ländern um das Mittelmeer und in den zentralen und nordasiatischen Steppen- und Wüstengebieten heimisch.

Geschichte
Schon die alten Griechen, Römer und Ägypter haben die Betarübe kultiviert. Für sie war die Rande eine Gemüse- und Heilpflanze. Aufzeichnungen vom ersten Anbau in Deutschland stammen aus dem 13. Jahrhundert. Die heutigen Kulturformen sind jedoch erst im 19. und 20. Jahrhundert entstanden. Der in der Schweiz gebräuchliche Name «Rande» soll darauf zurückzuführen sein, dass die Bauern die Wurzeln nur am Feldrand pflanzten.

Botanik
Die meisten Randensorten sind rund, längliche werden seltener angebaut. Praktisch unbekannt sind die weißen und goldgelben Randen. Ihnen fehlt der hoch konzentrierte rote Farbstoff Betanin (ein Glykosid). Wunderschön ist die Sorte Chioggia, sie gehört in die Gruppe der sogenannten Ägyptischen Randen. Die abgeflachte Rundform und die deutliche Ringzeichnung sind typische Kennzeichen. Die Sorte Chioggia stammt aus der Stadt Chioggia im Veneto in Italien.

Inhaltsstoffe

Die Rande ist von hohem gesundheitlichem Wert. Der in der Wurzel enthaltene rote Farbstoff verbessert die Zellatmung und wirkt sich positiv auf die körperliche und geistige Leistungsfähigkeit aus. Die Rande ist harntreibend und schwemmt die Harnsäure aus, sie steigert die Abwehrkräfte und spielt in der alternativen Krebstherapie eine wichtige Rolle. Wie fast alle Wurzelgemüse enthält auch die Rande hohe Mengen an Kalium, Natrium, Phosphor, Magnesium und Eisen. Die gekochte Rande ist angenehm süß, roh hat sie einen leicht kratzenden, seifigen Geschmack, der auf die Oxalsäure zurückzuführen ist.

Anbau

Die Randen werden heute in allen Ländern mit einem gemäßigtem Klima angebaut und sind während des ganzen Jahres erhältlich. Von Ende Mai bis Mitte August können junge Randen von 3 bis 5 cm Durchmesser mit Blattwerk gekauft werden. Später werden sie ohne Blätter verkauft und es sind auch gekochte Randen im Angebot. Der Randensaft ist ein natürlicher Farbstoff, der zum Färben von Lebensmitteln dient.

Rande – Rote Bete

Salat

Pikanter Randensalat

Sauce
4 EL Zitronensaft
3 EL Olivenöl extra nativ
½–1 Knoblauchzehe, durchgepresst
Meersalz
frisch gemahlener Pfeffer

3 mittelgroße rohe Randen/Rote Beten
1 saftiger Apfel

1 Die Sauce zubereiten.

2 Die Randen schälen und auf der Bircher-Rohkostreibe zur Sauce reiben. Den Apfel mit der Schale dazu reiben, vermengen.

Tipp Auf grünem Salat anrichten.

Salat

Randensalat mit Linsensprossen

250 g rohe Randen/Rote Beten
180 g Linsensprossen
50 g Bergkäse, klein gewürfelt

Sauce
1 EL Rotweinessig
1 EL Balsamico-Essig
3 EL Olivenöl extra nativ
1 TL Herbes de Provence
frisch gemahlener Pfeffer
Meersalz

1 Die Sauce zubereiten.

2 Die Randen schälen, auf der Röstiraffel zur Sauce reiben. Die Linsensprossen und den Käse zufügen, vermengen. Den Salat 5 Minuten ziehen lassen.

Salat

Randensalat mit weißen Bohnen

100 g gekochte weiße Bohnen, Seite 26
1 gekochte große Rande/Rote Bete

Sauce
2 EL Rotweinessig
4 EL Olivenöl extra nativ
1 Knoblauchzehe, durchgepresst
1 TL getrocknetes Basilikum
½ TL getrockneter Thymian
frisch gemahlener Pfeffer

1 Die Sauce zubereiten.

2 Die Rande schälen, in 1 cm große Würfel schneiden, mit den Bohnen zur Sauce geben, vermengen. 30 bis 60 Minuten ziehen lassen.

Suppe

Russische Randensuppe

1 EL Bratbutter/Butterschmalz
1 kleine Zwiebel
1 rohe Rande/ Rote Bete
100 g Weißkabis/-kohl
200 g Petersilienwurzeln
8 dl/800 ml Wasser
2 EL Gemüsebrüheextrakt
1 EL Rotweinessig
1 Lorbeerblatt
1 TL Senfkörner
1 TL geriebener Ingwer
1 TL Sojasauce
frisch gemahlener Pfeffer
1 dl/100 mlSauerrahm/saure Sahne

1 Die Zwiebel fein hacken. Die Rande schälen und in Würfelchen schneiden. Den Weißkabis in Streifen schneiden. Die Petersilienwurzeln schälen und in Würfelchen schneiden.

2 Zwiebeln, Randen, Kabis sowie Petersilienwurzeln in der Bratbutter andünsten, das Wasser und die Gewürze zugeben, aufkochen, die Suppe bei mittlerer Hitze 20 Minuten kochen, bis das Gemüse weich ist. Mit Pfeffer abschmecken und dem Sauerrahm verfeinern.

Rande – Rote Bete

Suppe

Randencrèmesuppe

1 EL Bratbutter/Butterschmalz
1 Zwiebel
3 kleine rohe Randen/Rote Beten
1 l Gemüsebrühe
1 Lorbeerblatt
1 Prise Kardamom
2 Prisen Koriander
Meersalz
2 Prisen geriebener Ingwer
½ unbehandelte Zitrone, abgeriebene Schale
1 dl/100 ml Rahm/Sahne

1 Die Zwiebel fein hacken. Die Randen schälen und in mittelgroße Würfel schneiden.

2 Zwiebeln und Randen in der Bratbutter andünsten, mit der Gemüsebrühe ablöschen, Lorbeerblatt, Kardamom und Koriander zufügen, aufkochen, etwa 30 Minuten kochen, bis die Randen weich sind. Das Lorbeerblatt entfernen. Pürieren.

3 Die Randencrèmesuppe aufkochen, mit Salz, Ingwer und Zitronenschalen abschmecken. Anrichten. Mit Schlagrahm garnieren.

Abbildung

Vorspeise

Winterlicher Randencocktail

2 dl/200 ml Randen-/Rote-Bete-Saft
1½ dl/150 ml Holunderblütensirup
1 dl/100 ml roter Portwein
2 EL Zitronensaft
¼ TL Zimtpulver
2 Prisen Muskatnuss
3½ dl/350 ml Mineralwasser
4–8 Eiswürfel

1 Die Zutaten, ohne Mineralwasser und Eiswürfel, verquirlen.

2 Den Randensaft in Sektgläser füllen, mit dem Mineralwasser auffüllen, Eiswürfel dazugeben, nach Belieben eine Zitronenscheibe aufs Glas stecken.

Vorspeise

Zweifarbiges Randencarpaccio

1 kleine rohe Chioggia-Rande
1 kleine rohe Rande/Rote Bete

Sauce
½ dl/50 ml Orangen-Dattel-Essig oder Himbeeressig
1 Prise Meersalz
½ dl/50 ml Wasser
1 dl/100 ml Distel- oder Sonnenblumenöl
wenig Meersalz
frisch gemahlener schwarzer Pfeffer

1 Die Sauce zubereiten.

2 Die Randen schälen, auf dem Gemüsehobel in feine Scheiben hobeln. Nach Belieben Rosetten formen, auf Tellern anrichten. Die Sauce darüber träufeln.

Abbildung

Vorspeise

Randenflan an Meerrettichsauce

für 5 bis 6 Soufflèförmchen

300 g rohe Randen/Rote Beten
1½ dl/150 ml Gemüsebrühe
2 Freilandeier, 3 EL Rahm/Sahne
Meersalz, frisch gemahlener Pfeffer

Sauce
1 Becher (180 g) Naturjogurt
8 EL Rahm/Sahne, 5 EL Milch
3 TL frisch geriebener Meerrettich, 1 Msp Meersalz

1 Bund Schnittlauch

1 Die Randen schälen, klein würfeln, in der Gemüsebrühe weich kochen. Pürieren. Auskühlen lassen.

2 Den Backofen auf 200 °C vorheizen. Die Souffléförmchen mit weicher Butter einfetten.

3 Eier und Rahm verquirlen, das Randenpüree unterrühren, mit Salz und Pfeffer würzen. Die Masse in die Förmchen füllen.

4 Die Förmchen in eine ofenfeste Form stellen, bis auf dreiviertel Höhe mit Wasser füllen. Bei 200 °C 25 Minuten pochieren.

5 Den Rand der Randenköpfchen mit einem Messer lösen, auf die Teller stürzen, mit der Meerrettichsauce umgießen. Den Schnittlauch fein schneiden, darüber streuen.

Rande – Rote Bete

Mahlzeit

Randenspaghetti an Roquefortsauce

3 dl/300 ml Wasser
½ l Randen-/Rote-Bete-Saft
300 g dicke Spaghetti

Sauce
1 dl/100 ml Milch
½ dl/50 ml Wasser
1 TL Maisstärke
100 g Roquefort
3 EL grob gehackte Baum-/Walnusskerne

1 dl/100 ml Rahm/Sahne
50–100 g Roquefort, gewürfelt
½ Bund glattblättrige Petersilie, gehackt

1 Für die Sauce Milch, Wasser und Maisstärke in einer Pfanne glatt rühren, den zerbröckelten Roquefort zufügen, bei schwacher Hitze aufkochen, die Nüsse unterrühren, die Sauce mit dem Rahm verfeinern.

2 Für die Spaghetti Wasser und Randensaft aufkochen, salzen, die Spaghetti al dente kochen. Abgießen. Sofort in den vorgewärmten Suppentellern anrichten. Roquefortwürfel und Petersilie darüber verteilen. Sofort servieren.

Abbildung

Mahlzeit

Randengratin

750 g gekochte Randen/Rote Beten
2 EL Olivenöl extra nativ
2 mittelgroße Zwiebeln
1 EL Rosmarinnadeln
5 EL geriebener Parmesan
frisch gemahlener Pfeffer

1 Den Backofen auf 220 °C vorheizen.

2 Die Randen schälen und in mittelgroße Würfel schneiden.

3 Die Zwiebeln in feine Ringe schneiden, im Olivenöl gelb andünsten.

4 Randenwürfel in eine eingefettete Gratinform füllen, Zwiebelringe darüber verteilen, Rosmarin und Käse darüber streuen, mit reichlich Pfeffer abschmecken.

5 Die Form in der Mitte in den Ofen schieben, Randen bei 220 °C 10 Minuten überbacken.

Mahlzeit

Thymian-Randenplätzchen mit Curryquark

Curryquark

150 g Vollmilchquark
2 TL scharfes Currypulver
wenig Chili
Meersalz

2 mittelgroße, gekochte Randen/Rote Beten
100 g Frischkäse
3 Zweiglein Thymian
1 Prise Chili
Meersalz

Paniermehl

Bratbutter/Butterschmalz

1 Quark, Curry und Chili luftig aufschlagen, mit Salz abschmecken.

2 Die Randen schälen, in feine Scheiben schneiden.

3 Zerbröckelten Frischkäse abgezupfte Thymianblättchen und Chili glatt rühren, mit Salz abschmecken.

4 Die Käsemasse auf die Randenscheiben streichen, im Paniermehl wenden.

5 Randenscheiben in einer beschichteten Bratpfanne in der Bratbutter bei mittlerer Hitze beidseitig braten.

Mahlzeit

Randengaletten

1 große gekochte Rande/Rote Bete
2 Freilandeier
40 g Mehl
2 EL Sesamsamen
1 Prise Nelkenpulver
1 Prise Muskatnuss
1 Prise Chili
½ TL Meersaalz

Bratbutter/Butterschmalz

1 Die Randen schälen und auf der Bircher-Rohkostreibe fein reiben.

2 Die Eier und das Mehl glatt rühren, die Randen zufügen, würzen. Den Teig 15 Minuten ruhen lassen.

3 Wenig Bratbutter in einer Bratpfanne erhitzen, Randenmasse mit einem Eisportionierer portionieren, in die Bratpfanne geben, Galetten bei mittlerer Hitze auf beiden Seiten braten.

Tipp Mit der Senfsauce, Seite 40, servieren.

Randenmousse auf Kiwisauce

2 dl/200 ml Milch
1½ dl/150 ml Randen-/Rote-Bete-Saft
4 EL Mehl
1½ TL (gestrichen) Agar-Agar-Pulver (Reformhaus/Bioladen)
2 EL Wasser
2 EL Blütenhonig
½ unbehandelte Zitrone, abgeriebene Schale und 1 EL Zitronensaft
1 Eigelb von einem Freilandei
je 1 Prise Zimt-, Nelken-, Kardamom- und Korianderpulver
1 Eiweiß
1 Prise Meersalz
½ dl/50 ml Rahm/Sahne

Sauce
2 Kiwis
1 EL Blütenhonig
½ Zitrone, Saft

1 Das Agar-Agar-Pulver mit dem Wasser verrühren, 10 Minuten quellen lassen.

2 Milch, Randensaft und Mehl in einer Pfanne glatt rühren, aufkochen, 2 bis 3 Minuten bei schwacher Hitze kochen. Agar-Agar zufügen, unter Rühren 2 bis 3 Minuten köcheln lassen. Honig, Zitronenschalen und -saft, Eigelb und Gewürze unterrühren, handwarm auskühlen lassen.

3 Das Eiweiß mit der Prise Salz steif schlagen. Den Rahm steif schlagen. Eischnee und Schlagrahm unter die Randenmasse heben. Im Kühlschrank 3 Stunden fest werden lassen.

5 Für die Sauce die Kiwis schälen, mit dem Honig und dem Zitronensaft pürieren.

6 Vom Randenmousse mit dem Eisportionierer Kugeln abstechen, auf Tellern anrichten, mit der Kiwisauce umgießen.

Kiwisauce Unmittelbar vor dem Essen zubereiten, da die schöne grüne Farbe nach einer Stunde verblasst.

Schwarz-wurzel

Synonyme

Winterspargel, Skorzoner Wurzel, Viperwurzel, Schlangengras

Familie

Die Schwarzwurzel (Scorzonera hispanica) gehört zur Familie der Korbblütler.

Herkunft

Die Schwarzwurzel ist eine von rund 100 Arten der Gattung Scorzonera. Der lateinischer Name führt uns ins spanische Herkunftsland, wo sie vermutlich von den Arabern als Heilpflanze entdeckt und auch angebaut wurde.

Geschichte

Vom Mittelalter bis ins 16. Jahrhundert war die Schwarzwurzel als Wildform bekannt. Sie galt als Heilpflanze gegen Pest, Schlangenbisse, Herzkrankheiten, Schwindelanfälle, Nervenkrankheiten und Verdauungsstörungen. Seit dem 17. Jahrhundert findet sie als Gemüse Verwendung und verdrängte die Haferwurzel (Tragopogon porrifolius), die in Mitteleuropa kultiviert worden war und auch weiße Schwarzwurzel genannt wurde.

Botanik

Die Schwarzwurzel ist fleischig, sie wird bis 35 cm lang und hat einen Durchmesser von 6 bis 20 mm. Beim Anschneiden der korkartigen schwarzbraunen Rinde tritt aus den Milchröhren des weißen Wurzelfleisches ein harziger, weißlicher Saft.

Inhaltsstoffe

Wegen des hohen Inulingehalts und der guten Verdaulichkeit wird die Schwarzwurzel von Diabetikern und Magenempfindlichen sehr geschätzt. Die Wurzel enthält reichlich Kalium, Magnesium, Natrium, Phosphor und Eisen. Die beiden Vitamine B und C sind in geringen Mengen vorhanden.

Küche

Lange Zeit galt die Schwarzwurzel als «Spargel des armen Mannes», weil sie in Form und Feinheit an den weißen Spargel erinnert. Heute wird die frische Schwarzwurzel als Delikatesse neu entdeckt.
Leider wird ein großer Teil der in Europa angebauten Schwarzwurzeln zu Konserven verarbeitet.
Das Schälen der Schwarzwurzeln ist etwas aufwändig und gibt klebrige, schmutzige Hände. Am besten trägt man Gummihandschuhe. Da sich die Wurzeln nach dem Schälen rasch braunrot verfärben, müssen sie in Zitronenwasser gelegt werden. Man kann sie auch ungeschält 15 bis 20 Minuten im Salzwasser kochen, etwas abkühlen lassen und erst dann schälen.

Schwarzwurzel

Salat

Schwarzwurzel-Avocado-Salat

Zitronenwasser
½ l Wasser
½ Zitrone, Saft

450 g Schwarzwurzeln
1½ dl/150 ml Wasser
½ Zitrone, Saft

Sauce
½ Zitrone, Saft
5 EL Distelöl
frisch gemahlener Pfeffer
1 Prise Muskatnuss, Meersalz

3 reife Avocados
½ Bund Kerbel

1 Die Schwarzwurzeln mit dem Sparschäler schälen, schräg in 1 cm dicke Scheiben schneiden, in das Zitronenwasser legen. Wasser und Zitronensaft aufkochen, Schwarzwurzelscheiben zufügen, knackig kochen, abgießen. Mit der Sauce vermengen.

2 Eine Avocado schälen und halbieren, den Kern entfernen, das Fruchtfleisch in Würfelchen schneiden, sofort mit den Schwarzwurzeln vermengen.

3 Die restlichen Avocados halbieren, den Kern entfernen, den Salat darauf verteilen, mit dem Kerbel garnieren.

Abbildung

Salat

Roher Schwarzwurzelsalat auf Senfsprossen

500 g Schwarzwurzeln
100 g Senfsprossen

Sauce
2 EL Zitronensaft
7 EL Naturjogurt
4 EL Rahm/Sahne
4 EL Distelöl
Meersalz
frisch gemahlener Pfeffer

1 Die Sauce zubereiten.

2 Die Schwarzwurzeln mit dem Sparschäler schälen, längs halbieren und in Scheiben schneiden, sofort mit der Salatsauce vermengen.

3 Die Senfsprossen auf Teller verteilen, den Schwarzwurzelsalat darauf anrichten.

Schwarzwurzel

Vorspeise

Schwarzwurzelrolle

für 6 Personen

350 g Kuchenteig

5–7 dünne Schwarzwurzeln

Guss
100 g Meerrettich-Frischkäse
1 Freilandei
2 EL Mehl
1 Bund Schnittlauch
Meersalz

1 Eigelb von einem Freilandei
ca. 3 EL Sesamsamen

1 Die Schwarzwurzeln mit Schale im Salzwasser etwa 15 Minuten kochen, erkalten lassen. Schälen.

2 Den Backofen auf 180 °C vorheizen.

3 Für den Guss Frischkäse, Ei und Mehl glatt rühren, den Schnittlauch fein schneiden und zugeben, mit Salz abschmecken.

4 Den Backofen auf 180 °C vorheizen.

5 Den Kuchenteig quadratisch ausrollen, die Seitenlänge etwa 4 cm länger als die Länge der Schwarzwurzeln. Nun eine Schwarzwurzel an das Ende legen, mit etwas Guss bestreichen, die Schwarzwurzel einrollen und wieder eine Schwarzwurzel auf den Teig legen und mit Guss bestreichen, fortfahren, bis alle Schwarzwurzeln eingerollt sind. Die seitlichen Teigränder und das Teigende gut zusammendrücken, die Rolle mit Eigelb bestreichen und mit Sesamsamen bestreuen.

6 Die Schwarzwurzelrolle in der Mitte in den Ofen schieben, bei 180 °C 40 Minuten backen. Vor dem Anschneiden 10 Minuten ruhen lassen. Die Rolle mit einem scharfen Messer in 3 cm dicke Scheiben schneiden.

Kräuterfischrollen auf Schwarzwurzeln-Karotten-Mix

300 g Schwarzwurzeln
Zitronenwasser, Seite 88
100 g Karotten

8 Rotzungenfilets

Sauce
1 Bund Schnittlauch
2–3 Estragonzweiglein
½ Bund Petersilie
8 EL Frischkäse
Meersalz
frisch gemahlener Pfeffer
1 EL Butter
1½ EL Mehl
2 dl/200 ml Gemüsebrühe
1 dl/100 ml Rahm/Sahne
1 TL fein geriebener Meerrettich
1 Bund Schnittlauch, fein geschnitten

1 Schwarzwurzeln schälen und schräg in Scheiben schneiden, ins Zitronenwasser legen. Karotten schälen und in Würfelchen schneiden. Schwarzwurzeln und Karotten im Salzwasser weich garen, 5 bis 8 Minuten, abgießen. Schwarzwurzeln und Karotten in eine eingefettete Form verteilen

2 Den Backofen auf 200 °C vorheizen.

3 Alle Kräuter fein schneiden. Mit dem Frischkäse vermengen. Würzen.

4 Die Rotzungenfilets halbieren. Die Fischfilets auf einer Seite mit der Frischkäsemasse bestreichen und aufrollen. Die Rollen aufrecht, dicht nebeneinander auf das Gemüse setzen.

5 Für die Sauce das Mehl in der Butter andünsten, die Gemüsebrühe unterrühren und dickflüssig werden lassen, den Rahm und den Meerrettich unterrühren, mit Salz und Pfeffer abschmecken, fein geschnittenen Schnittlauch dazugeben. Die Sauce über den Fisch und das Gemüse verteilen.

6 Die Gratinform in der Mitte in den Ofen schieben, das Fischgericht bei 200 °C 10 Minuten überbacken.

Mahlzeit

Schwarzwurzeln an Zitronensauce

1 kg Schwarzwurzeln
Zitronenwasser, Seite 86
½ Zitrone, Saft

Sauce
4 EL Butter
4 EL Mehl
5 EL Schwarzwurzel-Kochwasser
2 dl/200 ml Milch
1 unbehandelte Zitrone,
abgeriebene Schale und 2 EL Saft
Salz
frisch gemahlener weißer Pfeffer

1 Die Schwarzwurzeln schälen, in 3 cm lange Stücke schneiden, in das Zitronenwasser legen.

2 Die Schwarzwurzeln im Salzwasser unter Zugabe des Zitronensaftes 8 bis 10 Minuten kochen.

3 Das Mehl in der Butter andünsten, das Wasser und die Milch unterrühren, dickflüssig einkochen lassen, mit Zitronensaft und -schalen, Salz und Pfeffer würzen.

4 Die Schwarzwurzeln zur Sauce geben, erhitzen.

Mahlzeit

Schwarzwurzel-Pilz-Eintopf

2 EL Olivenöl extra nativ
15 g getrocknete Judasohren (Pilze)
120 g Champignons
½ dl/50 ml Weißwein
1 dl/100 ml Wasser
400 g Schwarzwurzeln
1 EL Herbes de Provence
1 TL Balsamico-Essig
frisch gemahlener Pfeffer
Meersalz

1 Die Judasohren in kaltem Wasser 15 Minuten quellen lassen. Gut ausdrücken und in Streifen schneiden.

2 Die Schwarzwurzeln mit Schale in Salzwasser etwa 15 Minuten kochen. Erkalten lassen. Schälen. Stangen in 3 cm lange Stücke schneiden.

3 Champignons putzen, je nach Größe ganz lassen, halbieren, vierteln oder in Scheiben schneiden.

4 Die Champignons und die Judasohren im Olivenöl andünsten, mit Wein und Wasser ablöschen, Schwarzwurzeln und Gewürze dazugeben, aufkochen, bei mittlerer Hitze 5 Minuten kochen, mit Pfeffer und Salz abschmecken.

Tipp Passt zu Risotto und Polenta.

Panierte Schwarzwurzeln

350 g Schwarzwurzeln

ca. 10 EL Paniermehl
2 TL Meersalz
¼ TL frisch gemahlener Pfeffer
¼ TL Muskatnuss
ca. 10 EL Dinkelmehl
1 Freilandei

2–3 EL Bratbutter/Butterschmalz

1 Die Schwarzwurzeln mit Schale im Salzwasser 15 bis 20 Minuten kochen. Erkalten lassen. Die Stangen schälen, halbieren oder dritteln.

2 Paniermehl mit den Gewürzen mischen, Schwarzwurzeln zuerst im Mehl, dann im verquirlten Ei und zuletzt im Paniermehl wenden.

3 Die panierten Schwarzwurzeln in der Bratbutter goldbraun braten.

Pikanter Schwarzwurzelkuchen

für ein Kuchenblech von 26 cm Durchmesser

250 g Kuchenteig
400 g Schwarzwurzeln

Guss
1 Freilandei
1 dl/100 ml Rahm/Sahne
½ dl/50 ml Milch
1 EL Maisstärke
weißer Pfeffer
1 Prise Currypulver
1 Prise geriebene Muskatnuss
Meersalz

1 Den Teig auf Formgröße ausrollen, in die eingefettete Form legen.

2 Die Schwarzwurzeln mit Schale im Salzwasser 15 bis 20 Minuten kochen. Erkalten lassen. Die Stangen schälen, in 8 bis 10 cm lange Stücke schneiden.

3 Den Backofen auf 200 °C vorheizen.

4 Den Teigboden kreisförmig mit den Schwarzwurzeln belegen. Den Guss darüber gießen.

5 Den Schwarzwurzelkuchen in der Mitte in den Ofen schieben, bei 200 °C 35 bis 40 Minuten backen.

Dessert

Orangengelee mit Schwarzwurzeln

für 6 bis 8 Soufflóförmchen

1 Orange
250 g Schwarzwurzeln
Zitronenwasser, Seite 86
3½ dl/350 ml frisch gepresster Orangensaft
3 EL flüssiger Honig
1 Prise geriebener Ingwer
1 Prise Kardamom
1 Prise Nelkenpulver
1 TL Agar-Agar-Pulver (Reformhaus/Bioladen)
2 EL Wasser

Orangenfilets für die Garnitur

1 Die Orange großzügig schälen, auch die weiße Haut entfernen, die Fruchtfilets aus den Trennhäutchen lösen, entkernen, zerkleinerte Fruchtfilets in die Souffléförmchen verteilen.

2 Schwarzwurzeln schälen und in das Zitronenwasser legen.

3 Das Agar-Agar-Pulver mit dem Wasser (2 EL) verrühren, quellen lassen.

4 Den Orangensaft in eine Pfanne gießen, Schwarzwurzeln auf der Bircher-Rohkostreibe dazureiben, immer wieder rühren. Honig, Gewürze und Agar-Agar unterrühren, 3 bis 4 Minuten bei schwacher Hitze kochen. In die vorbereiteten Förmchen füllen. Abkühlen lassen, dann 3 bis 4 Stunden kühl stellen und fest werden lassen.

5 Den Rand der Köpfchen mit einem Messer lösen, auf die Teller stürzen. Mit Orangenfilets garnieren.

Tipp Mit Schlagrahm/-sahne servieren.

Stachys Knollenziest

Synonyme

Japanische Kartoffel, Japanziest, Crosne de Japon
Chinesische Artischocke, Ziestknollen

Familie

Der Stachys (Stachys sieboldii) ist das einzige Gemüse aus der großen Familie der Lippenblütler, welches in Westeuropa einen gewissen Bekanntheitsgrad erreicht hat.

Geschichte

Die Heimat des Stachys sind Japan und China. Im Jahre 1887 gelangte er durch einen Arzt oder Gärtner nach Frankreich. In Crosne, bei Paris, wurde er erstmals in größerem Umfang angebaut. Unter dem Namen «Crosne de Japon» wurde die Wurzel zum kulinarischen Geheimtipp. Schon bald gelangten die Stachys nach Belgien und England und später in die Schweiz und nach Deutschland.

Botanik

Die Pflanze wird 30 bis 45 cm lang, die Blätter sind nesselartig. Unter der Erde bildet sie, ähnlich der Kartoffel, unterirdische Ausläufer, die sich an den Enden perlschnurartig zu Knöllchen verdicken. Ein Knöllchen wird 2 bis 5 cm lang und 1 bis 1,8 cm dick und wiegt etwa 2 Gramm. Die Schale ist unverhornt und weißlich. Das Knöllchen erinnert an ungeschälte Krevetten/ Garnelen.

Inhaltsstoffe

Stachys sind wie Topinambur und Schwarzwurzel inulinhaltig. Im Geschmack erinnern sie an Schwarzwurzeln, Artischocken oder Blumenkohl.

Anbau

Die Stachys sind winterhart. Die Wurzeln können von Oktober bis in den Frühling gegraben werden, und zwar wird immer nur gerade die benötigte Menge geerntet, weil die Schale an der Luft rasch braun wird und die Knöllchen Feuchtigkeit verlieren. Meist bleiben im Boden genügend Knöllchen zurück, damit auch im nächsten Herbst wieder geerntet werden kann.

Küche

In Kochbüchern von 1920 bis 1940 findet man vereinzelt Rezepte mit Stachys. Danach gerieten sie fast vollständig in Vergessenheit. Heute sind sie in gehobenen Gastronomiebetrieben wieder sehr begehrt.

Marktsituation

Stachys sind auf Märkten oder im Gemüsefachhandel leider nur selten erhältlich. Meist importiert sie der Großhandel direkt aus Frankreich. Wegen des geringen Ertrages (400 Knöllchen wiegen etwa 1 kg), der aufwändigen Ernte und des relativ hohen Verkaufspreises ist dieses Gemüse bis heute wenig verbreitet. Es lohnt sich, Stachys im eigenen Garten zu ziehen!

Stachys – Knollenziest

Salat

Roher Stachyssalat

Sauce
2 EL Zitronensaft
3 EL Distelöl
1 EL Baum-/Walnussöl
1 TL frisch geriebener Ingwer
Meersalz

150 g Stachys
200 g Kumquats
1 Birne

1 Hand voll Rucola für die Garnitur

1 Den Zitronensaft und die beiden Öle zu einer sämigen Sauce rühren, mit Ingwer und Salz würzen.

2 Die Stachys unter fließendem Wasser gründlich reinigen. Die Kumquats in Scheiben schneiden, eventuell entkernen. Die Birne schälen, vierteln und entkernen, die Viertel entweder würfeln oder quer in feine Scheiben schneiden.

3 Stachys, Kumquats und Birnen mit der Sauce vermengen, 30 Minuten ziehen lassen.

4 Den Salat anrichten, mit der Rucola garnieren.

Abbildung

Suppe

Kürbissuppe mit Stachys

1 EL Bratbutter/Butterschmalz
1 kleine Zwiebel
200 g Kürbisfleisch, z. B. Hokkaido
oder Oranger Knirps
½ l Wasser
180 g Stachys
1 Prise Chilipulver
1 Prise weißer Pfeffer
Meersalz
1 dl/100 ml Rahm/Sahne
3 EL fein geschnittener Schnittlauch

1 Die Zwiebel hacken. Das Kürbisfleisch in Würfel schneiden. Die Stachys unter fließendem Wasser gründlich reinigen.

2 Zwiebeln mit dem Kürbis in der Bratbutter gut andünsten, mit dem Wasser ablöschen, aufkochen, 10 Minuten köcheln lassen. Pürieren.

3 Die Stachys mit der Kürbissuppe aufkochen, mit Chili, Pfeffer und Salz würzen, etwa 8 Minuten bei mittlerer Temperatur kochen. Mit dem Rahm verfeinern. Anrichten. Mit dem Schnittlauch garnieren.

Stachys – Knollenziest

Vorspeise

Stachysköpfchen

für 4–5 Souffléförmchen

4 dl/400 ml kräftige Gemüsebrühe
1 Lorbeerblatt
150 g Stachys
1 Pfälzer
1 Karotte
1 TL Agar-Agar-Pulver (Reformhaus/Bioladen)
4 EL Wasser
2 Umdrehungen Pfeffer aus der Mühle
1 Prise Chilipulver
½ Knoblauchzehe, durchgepresst

Kresse für die Garnitur

1 Die Stachys unter fließendem Wasser gründlich reinigen. Pfälzer Rübe und Karotte schälen und klein würfeln (Brunoise).

2 Die Gemüsebrühe mit dem Lorbeerblatt aufkochen, Stachys zufügen und 5 Minuten bei mittlerer Hitze kochen. Die Pfälzer- und Karottenwürfelchen zufügen, weitere 5 Minuten kochen. Das Agar-Agar-Pulver mit dem Wasser anrühren, kurz quellen lassen, unter die Brühe rühren, 3 Minuten kochen. Gewürze zufügen, das Lorbeerblatt entfernen. Den Topfinhalt schöpflöffelweise in Souffléförmchen verteilen, erkalten lassen, dann 3 bis 4 Stunden kühl stellen.

3 Souffléförmchen 10 Minuten vor dem Servieren aus dem Kühlschrank nehmen, den Rand mit einem Messer sorgfältig lösen, eventuell noch kurz in heißes Wasser tauchen, auf die Teller stürzen. Mit der Kresse umgeben.

Vorspeise

Stachys-Marroni-Teller

Beilage

100 g getrocknete Marroni
200 g Stachys

Sauce

1½ dl/150 ml Marroni-Kochwasser
1 TL Maisstärke
frisch gemahlener Pfeffer
1 TL Balsamico-Essig
Meersalz

1 Die getrockneten Marroni über Nacht in viel Wasser einweichen, im Einweichwasser etwa 60 Minuten kochen, bis die Früchte weich sind. Abgießen und etwa 1½ dl/150 ml Wasser auffangen und sieben. Marroni putzen, d. h. die braunen Einschnittte und die Schalenreste mit einem spitzen Messer entfernen.

2 Die Stachys unter fließendem Wasser gründlich reinigen, über Dampf knapp weich kochen, 5 Minuten.

3 Maisstärke mit dem Marroni-Kochwasser unter Rühren erhitzen, kurz köcheln lassen, mit Pfeffer, Essig und Salz würzen. Marroni und Stachys zufügen und erhitzen.

Variante Die getrockneten durch tiefgekühlte Marroni ersetzen. Gefroren zur Sauce (Marroni-Kochwasser durch schwache Gemüsebrühe ersetzen) geben, etwa 10 Minuten köcheln lassen.

Mahlzeit

Gebratene Stachys mit Kräutern

2 EL Olivenöl extra nativ
200 g Stachys
1 Zwiebel
2 Knoblauchzehen
1 Prise frisch gemahlener Pfeffer
1 Prise Chilipulver
1 Prise Paprikapulver
Meersalz
3 EL gehackte Kräuter,
z. B. Rosmarin, Salbei, Thymian

1 Die Stachys unter fließendem Wasser gründlich reinigen, über Dampf knapp weich kochen, etwa 5 Minuten. Zwiebel und Knoblauchzehen fein hacken.

2 Zwiebeln, Knoblauch und Stachys im Olivenöl bei mittlerer Temperatur unter ständigem Rühren etwa 5 Minuten braten. Würzen. Die Kräuter unterrühren.

Zum Rezept Gebratene Stachys sind eine Delikatesse! Mit Nüssli-/Feldsalat und gerösteter Baguette servieren.

Stachys – Knollenziest

Mahlzeit

Pastetchen mit Gemüse-Stachys-Füllung

4 Blätterteigpastetchen

150 g Karotten
150 g Wirz/Wirsing
150 g Stachys

Béchamelsauce
2½ EL Butter
3½ EL Mehl
1,3 dl/130 ml Milch
2 dl/200 ml Wasser
1½ EL Haselnussmus
1 Prise weißer Pfeffer
1 TL Balsamico-Essig
Meersalz

1 Die Karotten schälen, in Würfelchen schneiden. Den Wirz in Streifen schneiden. Stachys unter fließendem Wasser gründlich reinigen. Alles über Dampf knackig garen, 5 bis 8 Minuten.

2 Pastetchen im Backofen bei 180 °C aufbacken.

3 Das Mehl in der Butter andünsten, Milch, Wasser und Haselnussmus unterrühen , 10 Minuten bei schwacher Hitze köcheln lassen, mit Pfeffer, Salz und Balsamico-Essig würzen. Das Gemüse zur Sauce geben, erhitzen.

4 Pastetchen mit der Gemüse-Stachys-Mischung füllen.

Mahlzeit

Stachys an Kürbissauce auf schwarzen Nudeln

300 g schwarze Nudeln (Sepianudeln)
20 g Butter
200 g Stachys
1 Pfälzer

Sauce
1 EL Bratbutter/Butterschmalz
300 g Kürbisfleisch, z. B. Hokkaido oder Oranger Knirps
½ l Wasser
2 EL Maisstärke
1 Knoblauchzehe, durchgepresst
je 2 Prisen weißer Pfeffer und Chillipulver
Meersalz
½ dl/50 ml Rahm/Sahne

1 Das Kürbisfleisch und die geschälte Pfälzer Rübe in kleine Würfel schneiden. Stachys unter fließendem Wasser gründlich reinigen.

2 Stachys und Pfälzer über Dampf weich garen.

3 Den Kürbis in der Bratbutter andünsten, das Wasser zufügen, aufkochen, den Kürbis weich kochen und pürieren. Maisstärke mit ein wenig Kürbispüree glatt rühren und wieder zufügen. Knoblauch, Stachys und Pfälzer zufügen, würzen, bei schwacher Hitze 5 Minuten kochen. Mit dem Rahm verfeinern. Warm stellen.

4 Sepianudeln im Salzwasser al dente kochen, abgießen, mit der Butter vermengen, in vorgewärmten Tellern anrichten, die Sauce in die Mitte geben.

Lammkoteletts an Stachys-Apfel-Sauce

2 EL Bratbutter/Butterschmalz
8 Lammkoteletts

Marinade
2 EL Senf
2 EL Sherry
2 Knoblauchzehen, durchgepresst
½ TL Paprikapulver
frisch gemahlener schwarzer Pfeffer

200 g Stachys
1 Zwiebel
2 Knoblauchzehen
2 Boskoop Äpfel
2 dl/200 ml Wasser
2½ TL Maisstärke
1 dl/100 ml Weißwein
1 Becher (1,8 dl/180 ml) Rahm/Sahne
1 Prise weißer Pfeffer
wenig Zitronensaft
Meersalz

1 Die Marinade zubereiten, die Lammkoteletts damit beidseitig bestreichen, 1 Stunde marinieren.

2 Die Stachys unter fließendem Wasser gründlich reinigen, im Dampf 5 Minuten garen. Zwiebeln und Knoblauch fein hacken. Die Äpfel schälen, vierteln, entkernen und in Schnitze schneiden.

3 Die Lammkoteletts in der heißen Bratbutter beidseitig braten, warm stellen.

4 Zwiebeln, Knoblauch, Stachys sowie Äpfel in der Fleischpfanne andünsten. Maisstärke mit dem Wasser anrühren, zusammen mit dem Weißwein in die Pfanne geben, 3 bis 4 Minuten köcheln lassen. Den Rahm zufügen, nochmals kurz köcheln lassen, mit Pfeffer, Zitronensaft und Salz würzen. Koteletts in die Sauce geben, zugedeckt ein paar Minuten ziehen lassen.

5 Koteletts mit der Sauce auf vorgewärmten Tellern anrichten.

Tipp Mit Bratkartoffeln oder Nudeln servieren.

Stachys – Knollenziest

Hauptspeise

Lachs auf farbigem Stachygemüse

4 Lachsscheiben, je 150–200 g
Meersalz
frisch gemahlener Pfeffer
200 g Stachys
200 g Karotten
100 g Pfälzer
200 g Federkohl
Kräutermeersalz
frisch gemahlener Pfeffer
2 EL Olivenöl extra nativ
4 Estragonzweiglein
½ Zitrone, in Scheiben
4 EL Olivenöl extra nativ

4 Beutel Bratfolie

1 Die Lachsscheiben mit Salz und Pfeffer würzen.

2 Die Stachys unter fließendem Wasser gründlich reinigen. Karotten und Pfälzer Rüben schälen und würfeln. Den Federkohl in Streifen schneiden. Stachys mit dem Gemüse im Dampf knackig garen, würzen, mit Olivenöl abrunden.

3 Den Backofen auf 200 °C vorheizen.

4 Das Gemüse auf die Bratbeutel verteilen, je ein Estragonzweiglein und eine Lachsscheibe darauf legen, mit je einem Esslöffel Olivenöl beträufeln, eine Zitronenscheibe darauf legen. Den Beutel auf der Oberseite mit einer Nadel mehrmals einstechen.

5 Die Beutel in der Mitte in den Ofen schieben, bei 200 °C 8 bis 12 Minuten garen.

6 Die Beutel aufschneiden, das Gemüse mit dem Lachs auf Tellern anrichten und mit der Zitronenscheibe garnieren.

Topinambur

Synonyme
Erdbirne, Erdapfel, Erdartischocke, Erdschocke, Knollensonnenblume, Jerusalemartischocke, Zuckerkartoffel, Ewigkeitskartoffel, Indianerkartoffel, Diabetiker-Kartoffel, Furzwurzel

Familie
Der Topinambur (Helianthus tuberosus) gehört zur Familie der Korbblütler. Die Pflanze ist bezüglich Höhe und Blüte der einjährigen Sonnenblume ähnlich, die zur selben Gattung (Helianthus) gehört.

Geschichte
Die Heimat des Topinamburs sind Süd- und Nordamerika. Den eigenartigen Name hat er einem Indianerstamm, den Tupi-Guarani oder Tupinambas aus Brasilien, zu verdanken. Forscher brachten diese Knolle im Jahre 1612 nach Frankreich. Von dort gelangte sie nach England, später nach Belgien und verbreitete sich dann über ganz Europa. Sie wird heute in Indien, in Afghanistan und im Iran ebenfalls kultiviert.

Botanik
Der Topinambur hat eine eigenwillige Form, die spindelförmig, bucklig oder birnenförmig (Erdbirne) sein kann. Je nach Sorte ist die Schale beige, rotbraun oder violett. Das Fleisch ist weißlich und verfärbt sich beim Anschneiden bräunlich.
Wenn der Topinambur im Garten einmal seinen Platz gefunden hat, ist er nur schwer zu vertreiben. Die unter der Erde befindliche Knolle bildet wie die Kartoffel ein «Gelege» von 8 bis 10 neuen Knollen. Ernte ist vom Spätherbst bis in den Frühling. Die Pflanze ist anspruchslos und winterhart. Meist sind genügend Knollen im Boden, so dass im nächsten Herbst wieder geerntet werden kann (Ewigkeitskartoffel).

Inhaltsstoffe

Der Topinambur ist reich an Kalium, Phosphor, Kalzium und Magnesium. Sein Eisengehalt übertrifft den des vielgelobten Spinats deutlich. Die Knolle empfiehlt sich bei Diabetes, denn sie enthält im Gegensatz zu der Kartoffel ein Reservekohlenhydrat namens Inulin, das zur Verdauung kein Insulin benötigt. Ein Nachteil des Topinamburs besteht darin, dass er bei ungeübten Genießern Blähungen (Furzwurzel) verursachen kann. Hier helfen nach dem Essen gekaute Kümmel-, Anis- oder Fenchelsamen. Roh schmeckt der Topinambur erfrischend nussig und gekocht erinnert er an Artischocken (Erdartischocke).

Küche

Ursprünglich war der Topinambur eine Zierpflanze, dann Futterpflanze. Erst später wurde er Nahrungsmittel. Er war für lange Zeit vergessen, ist aber heute vielerorts wieder im Angebot.

Topinamburmousse

500 g Topinambure
1 dl/100 ml Wasser
1 Becher (1,8 dl/180 ml) Rahm/Sahne

1 TL Agar-Agar-Pulver (Bioladen, Reformhaus)
2 EL Wasser
50 g Baum-/Walnusskerne, grob gehackt
2 EL Baum-/Walnussöl
1 Prise Chili
1 Prise Muskatnuss
1 Prise Nelkenpulver
wenig Zitronensaft
1 TL Meersalz
frisch gemahlener Pfeffer
1 Eiweiß von einem Freilandei
1 Prise Meersalz

1 Die Topinambure mit einer Bürste unter fließendem Wasser reinigen, dann zerkleinern, mit dem Wasser aufkochen, bei mittlerer Hitze 15 Minuten kochen, den Rahm zugeben, pürieren.

2 Das Agar-Agar-Pulver mit dem Wasser verrühren, kurz quellen lassen, zum Topinamburpüree geben, aufkochen, 2 bis 3 Minuten köcheln, in eine Schüssel umfüllen.

3 Die Baumnüsse in einer Bratpfanne trocken rösten, 2 Esslöffel für die Garnitur beiseite legen, den Rest zum Püree geben. Baumnussöl und Gewürze unter das Püree rühren und mit Salz und Pfeffer abschmecken.

4 Eiweiß und Salz steif schlagen, sorgfältig unter die Masse heben, die Schüssel mit Klarsichtfolie zudecken, die Mousse im Kühlschrank 6 Stunden fest werden lassen. Achtung: Die Masse wird nicht schnittfest, sie bleibt cremig weich.

5 Die Topinamburmousse mit dem Eisportionierer portionieren, in Gläsern anrichten. Mit den Baumnüssen garnieren.

Salat

Marinierte Topinambure mit Haselnüssen

500 g Topinambure
2 E grob gehackte Haselnüsse
wenig gehackter Estragon

Sauce
½ Zitrone, Saft
2 EL Haselnussöl
2 EL Distelöl
Meersalz
frisch gemahlener Pfeffer

1 Die Sauce zubereiten.

2 Topinambure mit einer Bürste unter fließendem Wasser gut reinigen. Auf einem feinen Gemüsehobel die Scheiben direkt zur Sauce hobeln, immer wieder gut vermengen, damit sich das Gemüse nicht verfärben kann. Mit den Haselnüssen und dem Estragon garnieren.

Tipp Topinambure kurz im Salzwasser blanchieren.

Suppe

Topinambur-Fenchel-Suppe

1 EL Bratbutter/Butterschmalz
250 g Fenchel
150 g Topinambure
½ l Wasser
1–2 EL Maisstärke
4 dl/400 ml Wasser
1 TL gemahlene Fenchelsamen
frisch gemahlener weißer Pfeffer
Meersalz
1 dl/100 ml Rahm/Sahne

Fenchelgrün für die Garnitur

1 Beim Fenchel die äußeren zähen Hüllblätter entfernen, die Knollen klein schneiden. Die Topinambure mit einer Bürste unter fließendem Wasser reinigen, zerkleinern.

2 Topinambure mit dem Fenchel in der Bratbutter andünsten, mit dem Wasser ablöschen, aufkochen und etwa 12 Minuten kochen, bis das Gemüse gar ist. Den Topfinhalt pürieren. Eventuell durch ein Spitzsieb streichen.

3 Die Maisstärke mit dem Wasser anrühren, unter die Suppe rühren, 5 Minuten köcheln lassen. Würzen. Mit dem Rahm verfeinern, dem Fenchelgrün garnieren.

Mahlzeit

Gebratene Topinambure

800 g Topinambure
3–4 EL Olivenöl extra nativ
Meersalz
frisch gemahlener Pfeffer
1 TL Rosmarinnadeln

1 Den Backofen auf 250 °C vorheizen.

2 Die Topinambure mit einer Bürste unter fließendem Wasser reinigen, Knollen halbieren oder vierteln.

3 Das Olivenöl auf ein Backblech geben, die Topinambure darauf verteilen und im Ofen bei 250 °C 15 bis 20 Minuten braten. Nach 10 Minuten mit Salz, Pfeffer und Rosmarin würzen. Topinambure immer wieder wenden.

Variante Nach diesem Rezept können auch andere Wurzelgemüse zubereitet werden, auch ein Mix.

Mahlzeit

Kartoffel-Topinambur-Gratin

1 EL weiche Butter

400 g fest kochende Kartoffeln
400 g Topinambure

Guss
1½ dl/150 ml Milch
2½ dl/250 ml Rahm/Sahne
1 Knoblauchzehe, durchgepresst
1 Prise Muskatnuss
½ TL Meersalz
frisch gemahlener Pfeffer

1 Die Gratinform mit Butter einfetten.

2 Den Guss zubereiten.

3 Den Backofen auf 140 °C vorheizen.

4 Kartoffeln schälen. Die Topinambure mit einer Bürste unter fließendem Wasser reinigen. Kartoffeln und Topinambure in feine Scheiben hobeln oder schneiden, in die Gratinform verteilen und den Guss darüber gießen.

5 Das Gratin in der Mitte in den Ofen schieben und bei 140 °C 65 bis 70 Minuten backen.

Topinambure im Ausbackteig

16 kleine Topinambure
1 Lorbeerblatt
4 dl/400 ml Frittieröl (Erdnussöl)

Ausbackteig
2 Freilandeier
1 TL Haselnuss- oder Sonnenblumenöl
0,7 dl/70 ml helles Bier
80 g Mehl
½ TL Meersalz

1 Topinambure mit einer Bürste unter fließendem Wasser reinigen. Die Wurzeln im Salzwasser mit dem Lorbeerblatt bei mittlerer Hitze 8 bis 10 Minuten kochen, bis sie weich sind. Abgießen, erkalten lassen.

2 Für den Ausbackteig Eier, Bier und Haselnussöl verquirlen, das Mehl unterrühren und mit Salz würzen.

3 Das Frittieröl auf 180 bis 200 °C erhitzen. Die Topinambure im Teig wenden und im Öl portionsweise goldbraun backen. Herausnehmen, auf Küchenpapier kurz abtropfen lassen.

Dazu passen Ketchup, Chutney oder Chilisauce

Tipps zum Frittieren Siehe Pastinakenchips, Seite 55.

Mahlzeit

Topinambur-Lauch-Gemüse mit Rosmarin

3 EL Rapsöl

500 g Topinmabure
300 g Lauch
1 TL Rosmarinnadeln
wenig Muskatnuss
1 TL Meersalz
frisch gemahlener schwarzer Pfeffer

1 Topinambure mit einer Bürste unter fließendem Wasser reinigen. Die Wurzeln auf einem Hobel in feine Scheiben schneiden und im Salzwasser 3 Minuten blanchieren, in ein Sieb abgießen, die Scheiben auf einem Backblech erkalten lassen.

2 Beim Lauch die äußeren zähen Blätter entfernen, die Stangen längs halbieren, in breite, schräge Streifen schneiden.

3 Rapsöl in einer beschichteten Bratpfanne erhitzen, Topinamburscheiben in die Pfanne geben, unter zeitweiligem Wenden 5 bis 8 Minuten braten. Würzen. Lauch zugeben, nochmals 8 Minuten braten.

Abbildung

Dessert

Topinambur-Haselnuss-Creme

250 g Topinambure
1 dl/100 ml Wasser
½ l Milch
2 EL Maisstärke
1½ EL Haselnussmus
4 EL Blütenhonig
1 Prise weißer Pfeffer
1 Prise Nelkenpulver
1 Prise Zimtpulver
1 Prise Meersalz
3 Freilandeier
1 Becher (1,8 dl/180 ml) Rahm/Sahne

1 Die Topinambure mit einer Bürste unter fließendem Wasser reinigen, die Wurzeln zerkleinern, mit dem Wasser und 4 dl/400 ml Milch aufkochen, bei mittlerer Hitze 15 Minuten kochen, pürieren.

2 Maisstärke mit der restlichen Milch (1 dl/100 ml) glatt rühren, unter die Topinamburmasse rühren. Haselnussmus, Honig, Gewürze und verquirlte Eier ebenfalls zugeben und bei schwacher Hitze unter ständigem Rühren vor den Kochpunkt bringen (zur Rose kochen). Die Creme in eine Schüssel gießen, unter zeitweiligem Rühren erkalten lassen.

3 Kurz vor dem Servieren den Rahm steif schlagen und unterziehen.

Winter-rettich

Synonyme
Rettig, Radi

Familie
Der Winterrettich (Raphanus sativus) gehört zur Familie der Kreuzblütler.

Herkunft
Der Name Rettich ist aus der lateinischen Bezeichnung «Radix» (=Wurzel) abgeleitet.

Geschichte
Der Rettich ist eine alte Kulturpflanze, die wahrscheinlich im östlichen Mittelmeergebiet ihre Heimat hat und von dort nach China und Japan gelangt ist. In Ägypten sind in zahlreichen Gräbern Rettiche abgebildet oder in Texten erwähnt worden. Die tägliche Kost der Pyramidenbauer soll aus einer Ration Zwiebeln, Knoblauch und Rettich bestanden haben. Auch den Römern war er nicht unbekannt. Sie brachten ihn in die Schweiz und nach Deutschland. In einem Pflanzenverzeichnis des Gemüsegartens des Klosters St. Gallen aus dem Jahre 820 wird der Rettich unter dem Namen «radices» aufgeführt.

Botanik
Der Winterrettich fällt durch seine schwarze Schale auf. Sein Wurzelfleisch ist jedoch wie das aller Rettiche weiß. Die langen Sorten werden 10 bis 20 cm lang, die runden haben die Größe einer Rande/Roten Bete. Sie werden im Spätsommer gesät und haben eine Kulturzeit von 100 bis 120 Tagen. Dieses Wurzelgemüse ist im Geschmack sehr mild.

Inhaltsstoffe
Der Winterrettich zählt ganz klar zu den gesundheitlich wertvollsten Gemüsen. Er hat den höchsten Basenüberschuss. Die wichtigsten geschmack- und geruchbestimmenden Inhaltsstoffe sind die Senföle Allyl- und Butylsenföl sowie Thiocyanat, die in den Frühjahrssorten stärker vertreten sind als im Winterrettich.
In der Volksmedizin steht der Rettich seit langem hoch im Kurs. Er wirkt appetitanregend und verdauungsfördernd, er regt die Gallensekretion an und löst den Husten bei schwerer Bronchitis.

Anbau
Den gut lagerbaren schwarzen Winterrettich finden wir leider nur noch selten auf Wochenmärkten, da der weiße Rettich seit dem Treibhaus-Zeitalter praktisch das ganze Jahr über produziert wird.
Eines der größten Rettich-Anbaugebiete befindet sich in Ostasien. Der jährliche pro Kopf-Verbrauch liegt dort bei 30 Kilogramm. Bei uns werden, Radieschen inklusive, lediglich 250 Gramm konsumiert.

Winterrettich

Salat

Pikanter Winterrettichsalat

600 g Winterrettich

Sauce
2 EL Weißweinessig
8 EL Magerquark
8 EL Rahm/Sahne
5 EL Distelöl
2 TL geriebener Meerrettich
Meersalz

1 Die Sauce zubereiten, mit Salz abschmecken.

2 Den Rettich schälen, auf der Röstiraffel zur Sauce reiben, vermengen.

Tipp Der schneeweiße Rettichsalat passt wunderbar auf ein Kressebeet.

Salat

Winterrettich-Karotten-Salat

2 mittelgroße Winterrettiche
2 Karotten
1 EL gehackte Haselnüsse

Sauce
2 EL Obstessig
4 EL Sonnenblumenöl
1 TL frisch geriebener Ingwer
Meersalz

1 Die Sauce zubereiten, mit Salz abschmecken.

2 Die Rettiche und die Karotten schälen und auf der Röstiraffel zur Sauce reiben, die gehacken Haselnüsse zufügen, vermengen.

Salat

Winterrettich-Bananen-Salat

500 g Winterrettiche
3 mittelgroße Bananen

Sauce
1 Becher (180 g) Naturjogurt
2 EL Sonnenblumenöl
½ Zitrone, Saft
½ TL scharfes Currypulver
½ TL Kurkuma
Meersalz

1 Die Sauce zubereiten, mit Salz abschmecken.

2 Rettiche schälen und in 2 bis 3 cm lange Stäbchen schneiden, mit der Sauce vermengen und etwas ziehen lassen. Die Bananen in 5 mm dicke Scheiben schneiden, mit dem Salat vermengen.

Tipp Den Salat auf Rettichsprossen servieren.

Salat

Rettich-Sauerkraut-Salat

250 g Winterrettiche
200 g Sauerkraut

Sauce
1 EL Weißweinessig
3 EL Distelöl
½ TL Kreuzkümmelpulver
1 TL Ingwerpulver
Meersalz

1 Die Sauce zubereiten, mit Salz abschmecken.

2 Die Rettiche schälen und in Stäbchen schneiden oder auf der Röstiraffel zur Sauce reiben. Das Sauerkraut grob schneiden und dazugeben, vermengen. Einige Minuten ziehen lassen.

Suppe

Winterrettich-Miso-Suppe

2 EL Sesamöl
150 g Winterrettiche
1 mittelgroße Zwiebel
2 Knoblauchzehen
8 dl/800 ml Wasser
4 EL Gerstenmiso
1 EL geriebener Ingwer
1 TL Zitronensaft
1 Prise Chili
Meersalz

1 Rettiche unter fließendem Wasser mit einer Bürste gut reinigen, in Scheiben oder Stäbchen schneiden. Zwiebel in feine Ringe schneiden. Knoblauchzehen in feine Scheiben schneiden.

2 Rettiche, Zwiebeln und Knoblauch im Sesamöl kurz andünsten. Mit dem Wasser ablöschen, aufkochen, Miso und Ingwer dazugeben, aufkochen, 15 Minuten bei mittlerer Hitze kochen. Würzen.

Tipp Diese asiatische Suppe ist sehr nahrhaft und aufbauend. Sie hilft bei Rekonvaleszenz und bei starker geistiger und körperlicher Beanspruchung.

Vorspeise

Milder Apfel-Rettich-Dipp

180 g Vollmilchquark
1 EL Zitronensaft
1 TL geriebener Meerrettich
60 g Winterrettich
1 roter Apfel
frisch gemahlener weißer Pfeffer
Meersalz

Rettichsprossen

Quark, Zitronensaft und Meerrettich glatt rühren, den geschälten Winterrettich und den ungeschälten Apfel dazureiben, abschmecken.

Tipps Den Dipp auf Butterbrote streichen, mit den Rettichsprossen bestreuen. Oder den Dipp mit Gemüsestäbchen oder zu Gschwellti/Schalenkartoffeln servieren. Wer es scharf mag, kann noch etwas mehr Meerrettich beifügen.

Abbildung

Mahlzeit

Winterrettich mit Sojasprossen

3 EL Sesamöl
500 g Winterrettiche
1 Zwiebel
2 Knoblauchzehen
1–2 rote Chilischoten
2 TL grüne Currypaste
2 TL geriebener Ingwer
je 1 TL Kreuzkümmelpulver, Kardamom, Koriander
1 Prise Zucker
300 g Sojasprossen
3 EL Sojasauce
1 dl/100 ml Wasser
1 Bund Koriander, Blätter abgezupft
Meersalz

1 Rettiche mit einer Bürste unter fließendem Wasser gründlich reinigen, mit Schale in feine Scheiben hobeln oder schneiden. Die Zwiebel und die Knoblauchzehen fein hacken. Die Chilischoten eventuell entkernen, in feine Streifchen oder Ringe schneiden.

2 Rettich, Zwiebeln, Knoblauch und Gewürze im Sesamöl kurz andünsten. Sojasprossen, Sojasauce und Wasser zugeben, aufkochen, unter Rühren knackig dünsten, 3 bis 4 Minuten. Koriander unterrühren, mit Salz abschmecken.

Tipp Zu diesem Gericht passen Basmatireis und ein Chutney.

Abbildung

Mahlzeit

Sesamrettich

2 große Winterrettiche
1 Freilandei
12 EL Sesamsamen
1 TL geriebener Ingwer
1 TL Currypulver
Meersalz
Mehl

Sesamöl

1 Die Rettiche unter fließendem Wasser mit einer Bürste gründlich reinigen, mit Schale in 7 mm dicke Scheiben schneiden. Über Dampf knackig garen.

2 Das Ei verquirlen. Sesamsamen, Ingwer und Curry mischen.

3 Die Rettichscheiben zuerst im Mehl, dann im Ei und zuletzt in den Sesamsamen wenden.

4 Das Sesamöl in einer Bratpfanne erhitzen, die panierten Rettichscheiben auf beiden Seiten braten.

Tipp Zu diesem Gemüse passen Reis, Gemüse aus dem Wok und eine süßsaure Sauce.

Rezepte

Register